人生が一夜にして変わる
引き寄せの法則を呼び出す言葉

F・スコーヴェル・シン
浅見帆帆子 訳

三笠書房

自分の使う言葉と思考が、
自分の人生を決めている。
この世はあなたの自由自在。

CONTENTS

第1章　願いは宇宙に届く

「人生の法則」

第2章

望むものはすべて与えられる

「豊かさの法則」

第3章

自分の発する言葉が〝自分の法則〟になる

「言葉の力」

第4章 イメージしたことは自然に現実化する「無抵抗の法則」

第5章

あらゆる不幸な状況から自由になれる「カルマの法則」と「赦《ゆる》しの法則」

第6章

潜在意識に刷り込む最良の方法

「重荷を手放す」

第7章 すべての人があなたの教師 「愛の法則」

第8章　見えない力が働き周囲の状況も激変する「直感」と「導き」

第9章
完璧な自己実現こそが宇宙の意志「あなたの運命の秘密」

第10章 本当の豊かさを引き寄せる「否定」と「アファメーション」

付録

翻訳協力　藤浪明子
章扉イラスト　橋本佳奈
本文デザイン　荻原佐織（PASSAGE）

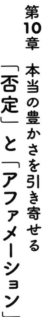

願いは宇宙に届く

第1章
「人生の法則」

「与えること」「受け取ること」のゲームの法則

多くの人が人生は戦いだと言います。でも、人生とは戦いではなくゲームなのです。

とはいえ、これからご紹介する「宇宙の法則」を知らなくては、わたしたちはこのゲームをうまくやり抜くことはできません。

そして、聖書の教えがこれに素晴らしいヒントを与えてくれています。イエス・キリストは、わたしたちに人生とは「与えること」と「受け取ること」の素晴らしいゲームなのだと教えてくれています。

「それが何であれ、人は自分が蒔《ま》いたものを、いずれまた刈り取ることになる」

――ガラテヤ人への手紙：6-7

これは、あなたが発した言葉や行った行為が、いずれそのまま、あなたのところに舞い戻ってくることを意味します。あなたが自分ではない他人にしたつもりのものであっても、いずれはそれを自分が受け取ることになるのです。

人を憎めば、あなたは憎しみを受け取ることになります。愛を与えれば、愛を受け取るでしょう。批判をすれば批判され、嘘《うそ》をついたら自分が嘘をつかれることになり、誰かを裏切れば、いずれ自分が裏切られることになるでしょう。

イメージは現実となる

人生のゲームにおいては、想像力《イマジネーション》が重要な役割を持ちます。

「油断することなく、あなたの心（イメージするもの）を守りなさい。命の泉は、ここにある」

――箴言《しんげん》：4－23

これは、あなたがイメージするものは、遅かれ早かれあなたの身に振りかかり、現実のものとなるという意味です。

わたしの知り合いに、ある病気にかかることをひどく恐れている男性がいました。それは極めて珍しい病気で、滅多にかかることはないはずなのに、彼はひっきりなしにその病気をイメージし続け、関連する本を何冊も読みあさっていました。するとついにはそのイメージが現実化し、本当にその病気になってしまいました。そして、亡くなったのです。

彼は、想像力を誤った方向に働かせ、残念なことにその犠牲となってしまったのでした。

この話が教えてくれるのは、人生というゲームをうまく運ぶには、想像力をよい方向に働かせる訓練が必要だということです。

自分が望むことだけをイメージできる人は、その人が心に抱く願望——健康や富、愛、友情、完璧な自己表現などを、自らの人生で実現させることができます。

想像力とは「心のハサミ」のようなもの。心に描くイメージを、そのハサミで毎日、たゆまず切り取り続けていれば、やがてあなたの人生にそのイメージが、現実のものとなって現れてくれることでしょう。

心のハサミを上手に使えるようになるには、意識の仕組みについて理解しなければなりません。

「潜在意識」の途方もないパワー

古代ギリシャの哲学者は「汝《なんじ》自身を知れ」と言いました。

意識には「潜在意識」「顕在意識」、そして「超意識」の3種類が存在します。

一つめの潜在意識は方向性を持たない単純な力です。電気の流れのようなもので、指示されたことに素直に従うだけです。誘導する力を持っていません。

わたしたちが深く感じたものや鮮明にイメージしたことは、この潜在意識に刻み込まれ、そのイメージはそのまま現実化されます。

わたしの知り合いの女性は、子どもの頃、いつも未亡人の格好をして遊んでいました。黒の衣装と黒の長いベールで「めかし込んで」いました。周りの人たちからはとても聡明で、面白い女の子だと思われていました。

やがて成長した彼女は、ある男性と愛し合うようになり、その人と結婚しました。しかし、ほどなくして夫は死んでしまい、本当に未亡人となってしまいました。そして、何年もの間、黒の衣装を身につけ、長いベールをかぶらなくてはいけなくなったのです。

潜在意識に刻み込まれた未亡人のイメージが、現実世界で忠実に再現されたというわけです。

二つめの顕在意識は、世俗にまみれている現世的な「人間の心」そのものとも言われます。目の前の現実をありのままに受け止め、死や災害、病気、貧困そしてあらゆる人生の苦悩などを認識し、それを潜在意識に刻み込みます。

三つめの超意識は、すべての人の内に存在する神の意識で、完璧な思想の世界です。

その神の世界には、哲学者プラトンが語った「完璧な計画」、すなわち「神の設計図」が用意されています。

「他の誰にも替われない、あなただけがいるべき場所、あなただけにしか成し得ないことがあるのです」

超意識には、この完璧な青写真が存在します。そのイメージは通常、「達成不可能にみえる凄《すご》いアイデア」「現実とは思えないほど素晴らしいもの」として、パッと脳裏に閃《ひらめ》くことがあります。実はこれが、その人の無限の知性が、本当の運命（ないしは目的）を知らせるために送った閃きなのです。

しかし、多くの人は自分の本当の運命に気づかないまま、本来必要ないことを頑張っては、結局失敗に終わるか、あるいはたとえ成功しても満足が得られないでいます。

準備されている「宇宙の計画」

ある女性がわたしのところに個人カウンセリングにやって来て、「心から愛している男性がいます。その人と結婚できるよう『アファメーション（肯定的な言葉）』を唱えて下さい」と言いました。

しかしそのときわたしは、それは「神の意志」に委《ゆだ》ねるべきことであり、展開をコントロールしようとすることは「宇宙の法則」に反することなのでできない。だが、神があなたにふさわしいとされた男性と結婚できるように、というアファメーションを唱えることはできます、と言いました。

さらに、「もしその男性が本当にあなたにふさわしい相手なら、あなたは彼を失うことはないでしょう。でも、もしそうでない場合は、あなたは自分にふさわしい別の男性と出会うはずです」とも伝えました。彼女はその後も頻繁にその恋人と会っていましたが、彼らの関係に進展はないままでした。

ある日の夕方、彼女がわたしに電話してきて「実は、この1週間、彼のことが前ほど素晴らしいと思えなくなってきました」と言います。

わたしは「もしかしたら、彼は神が選ばれた方ではなかったのかもしれませんね。運命の男性は、他にいるのではないかしら」と答えました。


それから間もなくして、彼女は別の男性と出会いました。その男性は彼女にひと目惚れをし、彼女こそ理想の女性だと直感したそうです。

この男性は、彼女が前の恋人にいつも言ってほしいと願っていた言葉をすべて彼女に言ってくれました。

そうして彼女もまた、この男性を愛するようになり、前の恋人への興味は完全に消え失せたのです。

「とても不思議な出会いでした」。のちに彼女はこう語ってくれました。

これは「置き換えの法則」の一例です。誤った考えが正しい考えに置き換えられ、それによって、何も失わず、そしてどのような犠牲も払わずにすんだのです。

イエス・キリストは言われました。

「あなたがたは、神の国を求め、神がよくして下さることを信じなさい。そうすれば、それらはすべて与えられます」

――マタイ：6－33

イエスはまた、神の国は人のうちにある、とも言っています。

神の国（現世で意味する、いわゆる国家としての国ではなく）とは、正しい考えの世界、または神の計画自体を意味しています。

不幸を引き寄せる言葉

人生のゲームでは、言葉が重要な役割を持ちます。

イエス・キリストは言われました。

「あなたは、自分の言葉によって正しいとされ、また、自分の言葉によって罪ある者とされる」

――マタイ：12-37

多くの人が自分の言った不用意な（よく考えていない不注意な）言葉のせいで、自分の人生に悲惨な結果を引き寄せています。

ある女性は、どうして自分がこんなにも貧乏になってしまったのかわからないと、愚痴をこぼしていました。

以前の彼女は、大きな家に住み、美しい物に囲まれながら、お金も潤沢にある生活を送っていました。しかし、家の管理をきちんとすることに疲れ果ててしまい、「もうこの家にも物にもうんざり！　いっそのこと、トランクの中にでも住めたらどんなにいいか」と何度も繰り返し言っていたのです。

「それで、わたしは今、そのトランクに住んでいるというわけ」と彼女が呟《つぶや》きました。

彼女は、トランクに住むよう、自分に向かって言い聞かせていたのです。

潜在意識に冗談は通じないので、軽いジョークのつもりで言った言葉でも、こうして不幸を引き寄せてしまうことがあります。


他の例も挙げましょう。大変な大金持ちの女性が、いつも、「救貧院（注＝貧困者の救済のための施設）に行く準備をしておかなくちゃ」と冗談を言っていました。こうして潜在意識に、貧しさや物がない状態のイメージを刻み込んだ結果、数年もたたないうちに、彼女は本当に貧乏のどん底に陥ることになったのです。

幸せを引き寄せる言葉

ただし幸いなことに、法則というものは両方向に働きかけるので、物がない状態から満たされた状態に変えることもできます。

ある夏の暑い日、一人の女性が豊かになるためのカウンセリングを受けに、わたしのところにやって来ました。彼女はすっかり疲れ果て、意気消沈し、落胆していました。彼女は「わたしの全財産は、たったの8ドルです」と言いました。

「あら、でも大丈夫ですよ」とわたしは言いました。

イエス・キリストは、すべての人が感謝して、増やす力、癒《い》やす力、そして豊かになる力を持っている、と教えているので、「その8ドルに感謝して、イエス・キリストがパンと魚を増やしたように、8ドルを何倍にも増やしましょうよ」と励ましました。

彼女は「次に何をすればいいのでしょうか?」と尋ねます。

わたしは、「直感に従いなさい」とアドバイスし、「何か、これをしようとか、どこかに行かなくてはなどの直感はありませんか?」と尋ねました（直感は、その人自身の内側から届く確かな導きですが、この法則については他の章で詳しく説明したいと思います）。

「よくわからないのですが、実家に帰るような『予感』がします。片道ぶんの旅費だけはちょうど手元にあるので」と彼女が答えました。

彼女の実家は遠く離れたところにある、貧しい家庭でした。一方で彼女の理性（または合理的な思考）は「ニューヨークに留まって、仕事を見つけて、お金を稼ぎなさい」とささやいていたのでしょう。

わたしは、「それなら実家にお帰りなさい。決して予感にさからってはいけません」とアドバイスしました。

それから、彼女のためにアファメーションを唱えました。「神よ。わたしの前に豊かな世界への道を開いて下さい。神の意志によって与えられているすべてのものを、必ずやわたしは自分に引き寄せることができるでしょう」。

この言葉をいつも唱えるよう彼女に言いました。そして、彼女はすぐに実家に向かいました。

しばらくして、彼女に奇跡的な出会いがありました。彼女の家族と親しかったという女性で、その人から数千ドルものお金を受け取ったとの報告が彼女からあったのです。

彼女は折に触れてわたしに言います。「どうかみんなに話してあげて下さい。8ドルと直感だけを持って、あなたの元を訪れたわたしのことを」。

宇宙にはどんな願いも届いている

あなたの歩む人生は、この先たくさんの可能性で満たされています。

でも、それらを手に入れるためには、強く望み、信じ、そしてそれを言葉にする必要があります。

イエス・キリストは、それにはまず、あなたが最初に行動を起こしなさい、と教えています。

「求めよ、さらば与えられん。尋ねよ、さらば見いださん。叩《たた》けよ、さらば開かれん」

――マタイ：7－7

また、聖書には、次のようにも書かれています。

「あなたがたはわが手のわざについて、わたしに命ずるのか」

――イザヤ書：45－11

神はいつでも、あなたのほんの小さな願いから、とてつもなく大きな願いまで、すべて実現できるよう用意してくれています。

あなたがそれを言葉にしようと、内に秘めようと、あなたが望むすべての願いは、神に届いているのです。

ある日突然、自分の願いが叶《かな》って、あなたも驚いたことがありませんか？

わたし自身の不思議な体験もお話ししておきましょう。

あるイースターの季節に、花屋の窓辺に色とりどりのローズツリー（注＝クリスマスツリーのイースターバージョン）が美しく飾られているのを見て、わたしもそれが欲しいと願いました。そしてすぐに、ローズツリーがわたしの家のドアから部屋の中に運び込まれている様子をイメージしたのです。

やがて、イースター当日になりました。すると、あの美しいローズツリーが、友人のはからいで我が家にやって来たのです。

翌日、わたしはそれを贈ってくれた友人にお礼を言い、ちょうどこれが欲しかったのだと彼女に伝えました。

ところが彼女は、「わたし、ローズツリーなんて贈ってないわよ。わたしが贈ったのはユリよ！」と言うではありませんか！

真相は、花屋の男性がオーダーを取り違えてしまい、わたしにローズツリーを届けたのですが、これもすべて、わたしが宇宙の法則に働きかけたために起きた出来事です。

わたしはローズツリーを得なければならなかったのです。

悪いイメージを意識から消し去る

あなたの高い理想や、心からの願いを邪魔するものは、「疑い」と「恐れ」です。

あなたが「少しの不安もなく願うこと」ができるならば、すべての願いは瞬時に叶えられます。

その科学的な理由と、不安を意識から消し去る方法については、他の章で詳しく述べるとして、あるべきものがないことへの恐れ、失敗することへの恐れ、病気にかかってしまうことへの恐れ、何かを失ってしまうことへの恐れ、そして絶えず心のどこかに抱えている不安感——これこそが、あなたにとって唯一の敵と呼べるものです。

イエス・キリストは言われました。

「なにゆえ臆するのか、信仰薄き者たちよ」

――マタイ8‐26

これは、恐れの代わりに、信じる心を持ちなさいという言葉です。なぜなら、恐れるとは信じることの裏返しで、善（自分が望むこと）ではなく、悪（自分が望まないこと）を信じることだからです。

人生のゲームの目的は、あなたが自分が望むことをしっかりと見極め、あなたの心の中にある自分が望まないことのイメージをすべて消し去ることにあります。そのためには、自分の望みに注目し、それが実際に起こったイメージを、潜在意識に刻み込まなければなりません。

才能豊かで、大成功を収めたある男性がわたしに話してくれました。

壁に掛かっている言葉を読んでいたら、突然、彼の意識の中から恐れのすべてが完全に消えてなくなったそうです。そこには、大きな文字で次のように書かれていました。

「なぜ心配する。そんなことはおそらく決して起きないだろうに」

この言葉が、彼の潜在意識に深く刻み込まれ、彼は今では、自分の人生にはよいことしか起こらないと強く確信するようなりました。

「あなたの言葉」に潜在意識はいつも耳をそばだてている

ここで、潜在意識に刻み込むための方法をいくつか、紹介したいと思います。

潜在意識はあなたの忠実な僕《しもべ》です。ですから、あなたは正しい命令を出せるよう気をつけなければなりません。あなたのそばには常に無言の聞き手、つまりあなたの潜在意識がいることを知って下さい。

あなたが考えること、言葉にすることのすべては潜在意識に刻み込まれ、驚くほどの正確さで、あなたの人生に現実化を実行していきます。

それは、歌手が高感度のディスクに歌をレコーディングするようなもので、歌い手の声の調子や音調などすべてが正確に記録されます。もしその歌手が咳《せき》をしたり、ためらったりすれば、それもまた正確に刻み込まれ録音されてしまうのです。

ですから、潜在意識に刻まれた古くて悪い記録、保存しておきたくない人生の記録などはすべて消し去ってしまいましょう。そして新しく美しい記録を刻んでいきましょう。次のアファメーションを力強く、自信を持って、大きな声で唱えて下さい。

「(この言葉を声に出すことによって) わたしは今、わたしの潜在意識に刻まれた、真実でない記録のすべてを粉々に壊します。これらはわたし自身の空想から生まれたもので、再び、元の何もない状態へと戻ります。わたしは今、内なる神（注＝自分が望むことに焦点を当てた疑いや恐れをもたいない本当の自分）を通して、わたしの完璧な記録――健康、富、愛、そして、完璧な自己表現の記録をここに刻みます」

これが人生というゲームの正しい進め方です。今やあなたの勝利は間違いなし。あなたは、自分が口にする言葉によって、自らの状況を変えることができます。その方法については、次章でお話しすることにしましょう。
言葉の力を信じられない人は、皆、取り残されることになります。

「死も生も、舌の力に支配される」

――箴言：18-21

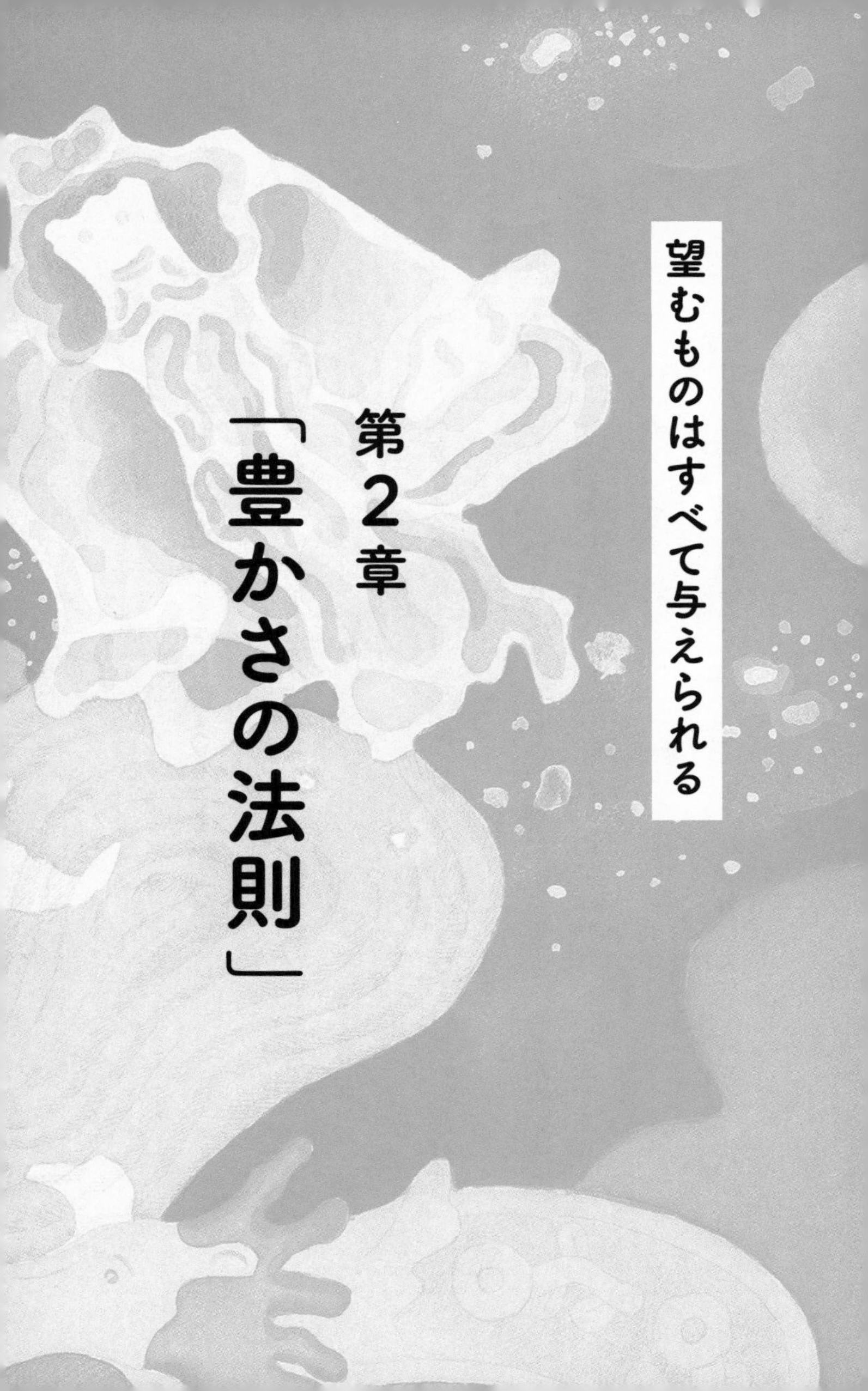

望むものはすべて与えられる

第2章

「豊かさの法則」

宇宙の法則に「遅れる」ということはない

「全能者こそがあなたの黄金となり、あなたにとって最高の銀となる」

——ヨブ記：22－25

聖書の中で最も重要な教えの一つは、人間に必要なものすべては神の宝庫にあるという言葉です。

「神は、すべてを、お与えになります。そして、神によって与えられたものすべてが、あなたの発する言葉によって、解き放たれるのです」という一節があります。

あなたは自分の言葉に絶対の信念を持っていなければなりません。

「わたしの口から出るわたしの言葉は、二度とわたしの元には還《かえ》らない。それはわたしの望むことを成し遂げ、必ずやわたしが与えた使命を果たすのだ」

——イザヤ書：55-11

言葉や思考にはとてつもなく大きな力があり、絶えずあなたの肉体や周辺環境に影響を与えていることを、あなたはすでにおわかりでしょう。

あるとき、非常に困っている様子でわたしを訪ねてきた女性がいました。その月の15日までに3000ドルを支払わなければ、告訴されると言います。彼女にはこのお金を用意できるあてが全くなく、途方にくれていました。

わたしは、神はすべてを与えてくれると伝えました。「必要とするものは、与えられるのですよ」。

その後、わたしは次の言葉を唱えました。「適切なタイミングで、適切な方法を通して、この女性が3000ドルを受け取ることに感謝いたします」。

そして彼女に、「このお金を必ず受け取ると信じ、すでに受け取ったかのように振る舞って下さい」とアドバイスしました。

やがて15日になりましたが、お金はまだ手元に届きませんでした。

彼女から電話があり、一体どうすればいいかと聞かれました。

わたしは、「今日は土曜日だから、訴えられることはありません。月曜日までには絶対にお金を受け取ると固く信じて、お金持ちのように振る舞って下さい」と彼女を励ましました。

彼女から、自分の気持ちがくじけないように、一緒にランチをしてほしいと頼まれたので、レストランで彼女と落ち合いました。わたしは、「今は倹約する時ではないわ。豪華なランチをオーダーしましょう。あなたはすでに3000ドルを受け取っているのですから」と彼女に言いました。

「あなたがたが信じて祈り求めるものなら、何でも与えられます」

――マタイ：21-22

聖書にも「あなたは、まるでもうそれを受け取ったかのように、行動しなければならない」とあります。

翌朝、彼女から電話があって、その日もそばにいてもらえないかと頼まれましたが、わたしは、「大丈夫、あなたは神に守られています。そして神は決して遅れることはないのですよ」と彼女を勇気づけました。

その日の夕方、また彼女から電話がありました。とても興奮した声で、今日起きたことを話してくれました。

「聞いて下さい、奇跡が起きたんです！　今朝、ドアベルが鳴ったとき、わたしは自分の部屋にいたので、『誰も入れないでね』とメイドに伝えたのですが、メイドが窓から外を見て『あの白くて長いあごひげの方は、奥様のいとこの方ですよ』と言うのです。

それで、わたしは『彼を呼び戻してちょうだい。すぐに会いたいから』と伝えました。いとこはちょうど角を曲がるところでしたが、メイドの声を聞いて、引き返してきました。

彼とは1時間ほどおしゃべりしました。帰り際に、『ところで、経済的にはどうですか？』と、聞いてきました。

それでわたしは正直に、3000ドルが必要なことを話しました。そしたら彼が『なんだ、言ってくれればいいのに。来月の1日には渡せると思いますよ』と言うのです。

わたしは、告訴されることは知られたくなかったので、すぐにもお金が必要だということは彼に伝えませんでした。

でも、どうすればいいでしょう？　彼からは来月の1日までお金を受け取ることはできません。でも、わたしには明日、必要なのです」。

わたしは、「このまま進めましょう」と答えました。

そして、わたしは次のアファメーションを唱えました。「神のなさることに決して遅すぎることはありません。彼女はすでにお金を受け取っていて、それが予定通り、彼女の手元に届くことに感謝いたします」。

翌朝、いとこから彼女に電話がありました。

「すぐにわたしのオフィスまで来てくれますか、お金を渡しますから」と言われたそうです。

その日の午後には、彼女の銀行口座の残高は３０００ドルとなり、彼女は興奮冷めやらぬ中、急いで小切手を切ったのでした。

「受け取る」準備をしなければ何も始まらない

もし、あなたが成功を願いながらも、本心では無理かもしれないと思って、失敗をしたときの準備をしているなら、あなたは自分が準備しているほうの「失敗」を受け取ることになります。


こんな例もお話ししましょう。

一人の男性が、自分には借金があるので、その借金が帳消しになるよう、自分のためにアファメーションを唱えてほしいと頼みにきました。

しかしその一方で、彼はその借金が支払えない場合に備えて、負債者に言うべき謝罪の言葉を、時間をかけて準備していたのです。それによって、わたしが用意していたアファメーションの効力はすっかり消えてしまいました。

彼は、自分が負債を支払っている姿をイメージするべきでした。

これについて、聖書には素晴らしい話があります。

砂漠に駐屯《ちゅうとん》していた3人の王の話です。

その地には彼らの軍隊や馬に与える水がありませんでした。そこで、予言者のエリシャに助言を求めたところ、エリシャは次のようなメッセージを告げて、3人の王を驚かせました。

「あなたがたはまだ風も雨も見ていません。しかし、この谷に水路を張りめぐらしなさい。さすれば、この谷に水が満ちて、皆がその恵みに与《あず》かるでしょう」

この話は、自分の願ったことが、現実世界ではそのわずかな兆しも見えなくとも、それを受け取る準備をしなければ、何も始まらないことを教えています。

水路の後日談は後述するとして、こんな話があります。

ある女性は、ニューヨークが深刻なアパート不足に見舞われている年に、年内に他のアパートに引っ越す必要にせまられました。

誰もが、引っ越すのはほとんど不可能だと考えていました。友人たちも、「お気の毒だけど、家具をどこかに預けて、しばらくはホテルに住むしかなさそうね」と、同情の言葉をかけました。

それでも、彼女は一向に気にせず、「わたしを気の毒に思う必要はないわ、わたしはスーパーウーマンなので、アパートは見つかるの」と答えていました。

そして、彼女は次のアファメーションを唱えました。「神よ、わたしにふさわしいアパートが見つかるための道をお開き下さい」。

彼女には、神があらゆる要求を満たして下さること、そして彼女は無条件で神の世界に働きかけていること、そして「多くの人は神とともにある」ことがわかっていました。

彼女は新しい住まいのために新しいブランケットを買おうと考えましたが、直感と反対の考え、つまり理性が「ブランケットを買っては駄目。おそらく、アパートは結局見つからず、そうなったら、新しいブランケットは使わなくなってしまう」と、彼女にささやきます。

すぐに彼女は答えました（理性に向かって）。

「わたしはブランケットを買うの！　そしてブランケットを買うことで自分の水路を掘ることにするわ！」

こうして、彼女は次のアパートに住む準備を始めました。まるでアパートをすでに手に入れたかのように行動したのです。

その結果、彼女は奇跡的にアパートを見つけることができました。

入居希望者が他にも200名以上いたにもかかわらず、その部屋は彼女が借りることができたのです。

彼女にとって、ブランケットを買うという行為が、自分の水路を掘ることであり、それによって彼女は自分の信念を示したのでした。

「3人の王によって砂漠に掘られた水路は、溢《あふ》れんばかりの水で満たされるようになりました」

——列王記下：3－20

「疑い」や「恐れ」は人生の最大の敵

こんなふうに宇宙の法則を通して世の中を見るのは、普通の人にとって、決して簡単なことではありません。潜在意識の奥底から、疑いや恐れといった感情が湧き上がってくるからです。これは自分にとって「敵」と同じなので、すぐさま追い払わなければなりません。

よく「夜明け前が最も闇が深い」と言われるように、大きな望みが叶えられる前には、大変な苦しい思考を乗り越えなくてはいけないことが多いものです。

あなたは、精神世界の崇高な肯定的宣言の言葉（アファメーション）を唱えながら、潜在意識に刷り込まれた「古い信念」「誤った思い込み」に戦いを挑むことになります。

このようなときこそ、あなたはアファメーションを何度も繰り返し唱え、まるでそれをすでに受け取ったかのように喜び、感謝を捧げるべきなのです。

「あなたが願う前に、わたしは答えよう」

——イザヤ書：65 - 24

この言葉は「すべてのあなたが望む最高の贈り物」はすでにあなたのものであり、あなたがそれに気がつくのを待っているという意味です。自分がイメージできるものだけ、実際にあなたは受け取ることができるのです。

イスラエルの子どもたちは、見渡せる土地すべてを自分は持つことができる、と教えられます。しかし、これは誰にとっても真実です。あなたが心にイメージしている土地のすべてを、あなたは手に入れることができるのです。
あらゆる偉大な業績や大きな成功の前には、数々の失敗や障害がやって来ます。それにくじけることなく、しっかりとヴィジョンを持ち続けることによって、実現されてきました。

さて、「約束された地」にたどり着いたイスラエルの子どもたちは、その地に足を踏み入れることができませんでした。「その地は巨人で埋め尽くされ、あなたたちをまるでイナゴのように感じさせる」と聞いていたからです。

「わたしたちはそこで巨人を見たのです。
わたしたちの目には、自分たちがイナゴのように小さく見えました」
――民数記：13‐32～33

こうした経験は誰にでもあると思います。

「今、受け取っているもの」にとことん感謝しなさい

しかしながら、宇宙の法則を知っているあなたは、見かけに心を乱されることはないでしょう。たとえ「囚われの身であっても」喜びを見いだせるはずです。なぜなら、自分のヴィジョンを持ち続けることで、目的が達成され、すでに受け取っているものに対して感謝を捧げられるからです。

この素晴らしい例がイエス・キリストによって示されています。

イエス・キリストは弟子たちにこう言いました。

「あなたがたは、刈り入れ時まで、まだ4カ月あると言っていたではないか。しかし、わたしはあなたがたに言う。目を上げて畑を見なさい。もはや色づいて刈り入れを待っている」

――ヨハネ：4・35

キリストには「物質世界」を突き抜けて、四次元の世界、すなわち神の世界（宇宙の法則が反映された世界）では、すべてがあるがままに、完璧に完成された姿が、はっきりと見えていたのです。

ですから、あなたはその旅路の終わりまで、自分の目標をしっかりと持ち続け、神の世界ではすでに受け取っているものを、現実の世界でも受け取れるよう、要求しなければなりません。

その目標とは健康や愛、自己表現や家、そして友人であったりするでしょう。

これらはすべて完成されていて、神意識（人間の超意識）には、完璧な神の計画として記録されているのですが、あなたがただ待っていれば、自然にあなたの手元に届くというものではなく、あなたのほうから積極的に働きかけて、あなたを通して実現されるよう要求しなければなりません。

ある男性がビジネスで成功するためのカウンセリングを受けたいと、わたしのところにやって来ました。この男性は、ビジネスの資金のため期日までに5万ドルを用意する必要がありました。

残された時間はほとんどなく、わたしを訪れたとき、彼はほとんど諦めかけていました。彼のビジネスに誰も投資したがらず、銀行からは融資を断られたと言います。

わたしは、「銀行で融資の相談をしていたとき、おそらくあなたは平静を失っていたのではないですか？ それであなたのパワーもなくしたのでしょう。自分自身をコントロールできれば、どのような状況にも対処できるものです。もう一度銀行に行ってごらんなさい」とアドバイスしました。

そして、彼のために、次のアファメーションを唱えました。

「銀行の関係者たち全員にとって、あなたは一目置かれる存在です。そして、あなたは自分にふさわしい対応を受けます。この状況に神の叡智《えいち》がもたらされますように」

しかし彼は憔悴《しょうすい》しきっていて、「あなたが話されているのは不可能なことばかりです。明日は土曜日です。ですから、銀行は12時には閉まってしまうし、わたしの列車が到着するのは10時なんですよ。タイムリミットは明日です。それにどっちみち、彼らが承諾するはずがありません」と言います。

わたしは、きっぱりと言いました。

「神に時間など必要ないのですよ。神にはすべてが可能です。わたしはビジネスについては何もわかりませんが、神についてはよく知っているつもりです」

すると男性は、嘆かわしそうに言いました。「ここに座ってあなたの話を聞いていると、なるほどそうかもしれないと思えますが、一歩外へ出たら、また現実に打ちのめされそうになるのです」。そして、とぼとぼと遠くの街へ帰っていきました。

1週間後、彼から手紙が届きました。「あなたが言われた通りでした。わたしは無事資金を調達することができました。今後は、あなたが仰ったことに二度と疑いを持つことはないでしょう」と書かれていました。

数週間後、彼と会ったので「あの後、何があったのですか？　時間はたっぷりあったのですか？」と、聞いてみました。すると彼は、「実は、わたしの列車が遅れてしまい、銀行に着いたのは、閉店時間15分前でした。しかし、わたしは落ち着いて銀行に入り、『融資をお願いしに来ました』と言いました。そうしたら、あっさりと承諾してくれたのです」と、顚末《てんまつ》を話してくれました。

彼に与えられた時間はたった15分でした。

しかし、神は遅れなかったのです。

迷っているなら誰かに助けを求めなさい

この男性の場合、自分の力だけでは、決して目的を達成することはできませんでした。彼がヴィジョンを持ち続けるためには、わたしのサポートが必要だったのです。

これはあなたが、誰かのために手助けができるということでもあります。

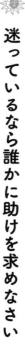

イエス・キリストは、この真実をよくご存じでした。

「どんな願い事であれ、あなたがたのうち二人が地上で心を一つにして求めるなら、天におられるわたしの父は、それを叶えて下さるだろう」

——マタイ：18‐19

自分自身のことは、あまりにも近くにいすぎるため、疑心暗鬼になったり恐れたりするものです。

一方、友人はあなたから離れているために、あなたが成功し、健康や富を手にする姿をはっきりと見ることができます。心が揺らぐこともありません。

つまり、誰かのために「夢が叶うように祈り、要求する」ほうが、自分のことを願うよりはるかに簡単なのです。ですから、もしあなたが迷っているなら、ためらうことなく、誰かの助けを求めるべきです。


人生の達人は、「あなたの成功を見ている人がいる限り、決してあなたは失敗しない」と言っています。

ヴィジョンの力とはこうしたものであり、偉人たちの成功は「彼らを信じ」、そして決して諦めずに完璧な神の計画を支え続けた彼らのパートナーや家族、そして友人たちの存在に負うところが大きいのです。

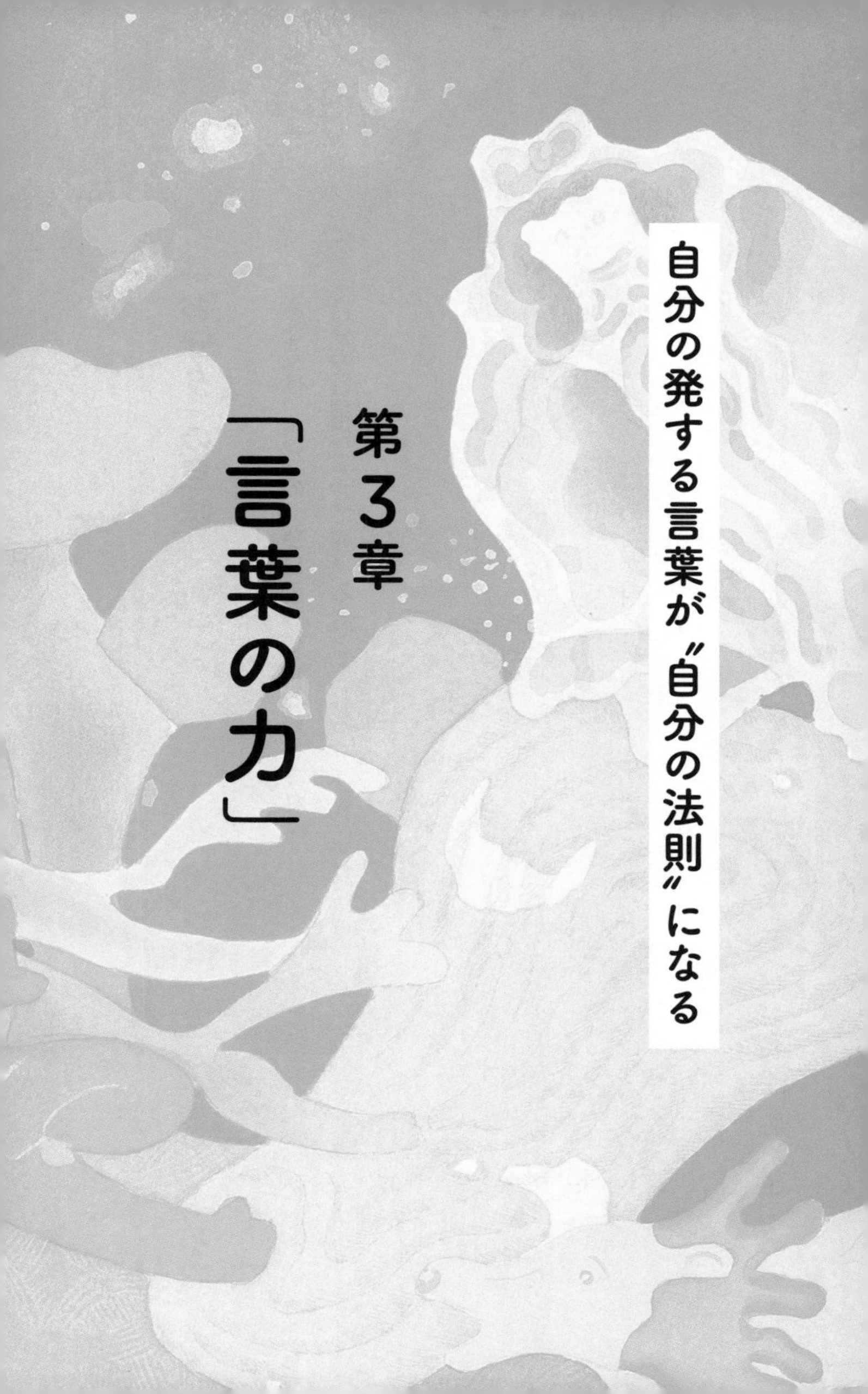

自分の発する言葉が〝自分の法則〟になる

第3章 「言葉の力」

「お守り」の意味

「あなたは、自分の言葉によって正しいとされ、自分の言葉によって罪ある者とされる」

――マタイ：12‐37

言葉の力をよく知ると、人と会話するときにとても注意深くなります。あなたは、自分の言葉が虚《むな》しく戻ってくることがないように、しっかりと見届けなくてはなりません。

というのも、あなたはあなた自身が口にする言葉によって、常に自分の状況をつくる法則をつくっているからです。

いつも次のようにこぼしている男性がいました。「僕はいつだって車に乗り遅れてばかりさ。乗り場に着いた途端、いつもちょうど発車したところなんだ」。一方、彼の娘はこう言いました。「わたしはいつも間に合うのよね。乗りたいなと思うと、必ずそこに車が待ってるの」。

こうしたことが何年も続きました。二人は、お互いに反対の法則をつくり出したのです。すなわち、一人は失敗の法則を、そしてもう一人は成功の法則を。

これは迷信の心理学です。一般によく言われるように、「ホース・シュー」(注=馬蹄の形をしたチャーム)や「ラビッツ・フット」(注=ウサギの足の形をしたチャーム)が幸運を呼び寄せるわけではありません。

こうしたお守りやチャームが幸運をもたらしてくれるということを口にしたり、信じたりすることによって、潜在意識に期待感が植え込まれ、その結果、幸運な状況が呼び寄せられるのです。

しかし、あなたの魂が成長して、さらに崇高な法則を身につけたなら、もうこれらは効き目がなくなります。あなたは以前のような、お守りやチャームを信じていた頃の自分に戻ることはできないし、この「偶像」は捨て去らなければなりません。

あなたの背後には「唯一無二の力」の存在がいる

わたしのクラスにいた二人の男性は、ビジネスで大きな成功を収めていましたが、二人とも数カ月後に、突然「破産」してしまいました。

そこで、わたしたちはこの原因を分析してみました。わかったのは、彼らが二人とも、成功と繁栄のアファメーションを唱えるのではなく、「ラッキー・モンキー」のチャームを買って身につけていたことでした。

わたしは二人に、「そういうことだったのね。あなたがたはあろうことか、神ではなく、このラッキー・モンキーのチャームを信じていたのです。今すぐにも、そのラッキー・モンキーは、片付けておしまいなさい。そして神に赦《ゆる》しの言葉をお祈りなさい」とアドバイスしました。

なぜなら人には、自分の犯した過ちを認め、取り消すことのできる力も備わっているからです。

二人は、わたしの言葉に従い、すぐにこのラッキー・モンキーを石炭の穴《コール・ホール》（注=閉じ込められたら、永遠にそこから戻ってこられない場所のこと）に捨て去りました。すると、再びすべてが順調に運ぶようになりました。

この話をご紹介したのは、今あなたの家にある「幸運を呼ぶ」飾りや置物、そしてホース・シューなど、ご利益《りやく》があるとされるすべての物を処分してほしいからではありません。

こうしたオブジェクトは、あなたに何かを期待させているに過ぎないこと、その背後には、唯一無二の力である神が存在していることに気づいていただきたいのです。

全く逆のケースですが、こんな話もあります。

ある日、わたしは深い絶望の中にいる友人と一緒に道を歩いていました。すると、道を渡っている途中で、彼女がホース・シューを拾いました。たちまち、彼女の心は喜びと希望でパッと明るくなりました。「このホース・シューは、わたしが勇気を持ち続けられるようにと、神様が届けて下さった贈り物に違いないわ」。その瞬間、この言葉が彼女の意識に深く刻印されたのです。彼女の希望は信念となり、ついに素晴らしい実現を手にしました。

この二つのケースで重要なことは、前に述べた二人の男性はモンキーだけに頼っていたのに対し、こちらの女性はホース・シューの背後にある神の存在に気づいたことです。

わたし自身のことをお話しすると、あることが自分を落ち込ませるというジンクスから抜け出すまで、ずいぶんと長い時間がかかりました。あることが起きると、その後に、必ずがっかりすることが続きました。

これを変えるには、潜在意識を変えるしかないと気づいたわたしは、次のアファメーションを唱えました。

「二つの力は存在しません。存在するのは唯一、神の力だけです。ですから、失望というものは存在しません。あるのは嬉《うれ》しい驚きだけです」

変化はすぐに現れました。サプライズや嬉しいことが次々とわたしの元にやって来るようになったのです。

「困難な状況」に恐れず向き合うとその状況は消えていく

誰がなんと言おうと、はしごの下は絶対に歩きたくない、と言う友人がいました。

わたしは彼女に、「あなたがはしごを恐れるのは、あなたが二つの力、善と悪の存在を信じているからでしょう。神は唯一絶対の存在なのだから、あなたが自分で悪魔の虚像をつくり上げない限り、悪の力というものは存在しないのよ。神だけがただ一つの絶対の力であって、悪にはどんな力も実体もないことをあなたが信じるなら、この次、はしごを見たときにその下を歩いてごらんなさい」と言いました。

それから間もなく、彼女は、貸金庫にある自分のセイフティ・ボックスを開けるために、銀行に向かいました。そうしたところ、なんと通路にはしごが立てかけられていたのです。そのはしごの下をくぐらずに、セイフティ・ボックスにたどり着くのは不可能でした。

彼女は、すっかりおじけづいてしまい、引き返そうとしました。道に立ちはだかるライオンに立ち向かうことなどできなかったのです。

ところが、通りに出たとき、わたしの言葉が彼女の耳に鳴り響いたそうです。

そこで、彼女は勇気を振りしぼり、銀行に戻って、そのはしごの下を歩こうと決心しました。何年もはしごがトラウマになっていた彼女にとって、それは人生の記念すべき瞬間でした。

そうして、彼女が金庫に戻ろうとしたら、何と、はしごはもうそこにはありませんでした！


こうしたことはよくあります。ずっと恐れていたけれど、それをいざやろうとしたら、それはやらなくてすんだ、というわけです。

これが、多くの人が気づいていない「無抵抗の法則」と言われるものです。


勇気には不思議な力と魔法が潜んでいると言われています。

あなたも恐れることなく、あなたの周りの困難な状況に向き合って下さい。

そうすれば、向き合わなければならないと思っている状況は、消えてなくなっているとことでしょう。それ自体の重さで崩れてしまうのです。

恐れる心が友人の前にはしごを引きつけ、友人の勇気がはしごを取り去ったのです。

「あなたが発する言葉」は人生のすべてを左右する

このように、あなたが「何らかの状況を乗り越えよう」と努力するとき、あなたがそれに気づかなくとも、目に見えない力があなたに働いています。

言葉の振動力によって、それが何であれ、自分が声に出すものすべてをあなたは引き寄せるのです。

もしあなたが始終、病気のことばかり話していれば、必ず病気を引き寄せます。

この真実がわかれば、どんなに自分の話す言葉に慎重になっても、なり過ぎるということはないのです。

たとえば、わたしの友人は、しょっちゅう電話をしてきて、「わたしに会いにきて下さいな。いつもの古風で楽しいおしゃべりをしましょうよ」と誘います。この「いつもの古風で楽しいおしゃべり」とは、否定的な言葉を並べ立てて、寂しいとか、あれがないとか、失敗したこととか病気について延々と話すことです。

わたしは、「ありがとう、でもよしておくわ。『いつもの古風で楽しいおしゃべり』はこれまでもうじゅうぶんしたし、そうしたおしゃべりは余りに高くつくから。でも、今風のおしゃべりなら、喜んでお付き合いしたいし、そのときは、もっと夢のあるおしゃべりをしましょうよ」と返事をしました。

古いことわざに、「人の言葉は3つの目的、すなわち癒やし、祝福、そして繁栄のためだけに使うべきである」とあります。

あなたが他人についてあれこれと言うことは、そのままあなた自身にも当てはまることであって、あなたが他人のために望んでいることは、あなたが自分自身に望んでいることなのです。


「罵《ののし》りの言葉は、しっぺ返しとなって我が身に返ってきます」

もしあなたが誰かの「不幸」を願うなら、あなたは間違いなく不幸を呼び寄せます。

もし、あなたが誰かの成功の手助けをしたいと願うなら、あなたは自分自身の成功の手助けをしていることになるのです。


あなたが口にする言葉やはっきりとしたヴィジョンによって、肉体は再生され、若返ることができます。そして、病気を完全に消し去ることもできます。

哲学者は、あらゆる病気は心の状態を映し出す鏡であることを知っています。

ですから、肉体を癒やすには、まず「魂を癒やす」必要があるのです。

魂とは潜在意識のことです。あなたは、誤った考えから自分の潜在意識を「守らなければならない」のです。

「主はわたしの魂を生き返らせて下さる」

——詩篇：23-3

この言葉は、潜在意識、つまり魂に刻まれた考えは、正しい考えに修復されなければならないことを意味します。そして、「神秘的な結婚」とは、魂と聖霊、または、潜在意識と超意識の合一を意味します。両者は一つでなければなりません。

潜在意識が超意識の完璧な計画で溢《あふ》れるほどいっぱいになったとき、神と人間は一つになります。

「わたしと父なる神は一つである」

あなたは完璧な計画の世界と一つであり、神の似姿とイメージによって創造されています。そして、あらゆる創造物、あなたの心と体、そして身の回りに起きる出来事のすべてを支配する力を与えられています。

「誤った思考」が体を傷つけ、病気を呼び寄せる

あらゆる病気や不幸は、愛の法則に背いたことが原因であることは間違いないでしょう。

イエス・キリストは言いました。

「あなたがたに新しい戒めを与えよう。互いに愛し合いなさい」

——ヨハネによる福音書：13-34

人生のゲームをうまくやり抜くための極意は、愛と善意、これがすべてです。

わたしの知り合いの女性は、何年もの間、ひどい皮膚病に悩まされていました。医者も治療法がわからず、彼女は途方にくれていました。

舞台女優だった彼女は、このままだと、仕事を辞めなければならないと心配していました。彼女はお芝居以外に生活の手段を持っていませんでした。

ところが、次の公演の契約がまとまり、公演の初日から「大成功」を収めたのです。批評家からも高い評価をもらい、彼女は幸せで有頂天になっていました。

しかし、翌日、突然、降板させられてしまいました。キャストの男性の一人が彼女の成功に嫉妬して、仕組んだことでした。

激しい憎しみと恨みに心が乗っ取られそうな気がして、彼女は叫びました。

「神よ、どうかわたしにあの男を憎ませないで下さい！」

その夜、彼女は心を静かにして、祈りの中で何時間も自分の心と向き合い続けました。

のちに、彼女が次のように話してくれました。

「すぐに深い静寂の中に入っていきました。わたしの心は平安に包まれ、この男性とも、そして全世界ともよい関係にあるように思えました。その後の2日間、同じように過ごしました。そして3日目に、わたしの皮膚病がすっかり治っていることに気づいたのです！」

この女性は、自分を舞台から降ろした男性のためにさえ、幸せを祈ることで、愛の法則を実行していたのです。

「愛は、律法を全うする」

――ローマ人への手紙：13 - 10

そして病気（これは潜在意識に鬱積《うっせき》した恨みから来たものです）は一掃されたのでした。

あらゆる病は、嫉妬や憎しみ、人を許せない心や恐れから引き起こされるといっていいでしょう。不安な心はあらゆる病気の原因となるのです。

以前、わたしは自分のクラスで次のように話したことがあります。

「体調が悪い人に『どこか具合が悪いの？』と聞いても意味はありません。むしろ、『誰かあなたにとって問題な人でもいるの？』と聞いたほうがよいでしょう」

人を許そうとしない心は、最も強力な病気の温床となります。動脈硬化や肝硬変を引き起こしたり、視力にさえ影響を及ぼすことがあります。ここには無数の病気の種が潜むのです。

病気については、こんなこともありました。

ある女性を訪ねたら、牡蠣《かき》の毒にあたって、病気になったと言います。そこでわたしは、「あら、でも牡蠣には毒なんかないでしょ。あなたが牡蠣に毒を盛ったんじゃないの？　それとも、誰か問題な人でもいたの？」と聞きました。

彼女は「そうなの。19人ほど」と答えました。
つまり彼女は、19人もの人たちとぶつかり、気まずくなってしまい、それが原因で、よくない牡蠣を引き寄せたのです。
現実世界の不調和は、心の不調和の表れです。

「内の如く、外も然り」

あなたのたった一人の敵は、実はあなたの心の中にいるのです。

「こうして自分の家の者が敵となる」

——マタイ：10-36

「善意」のオーラは攻撃からあなたを守る

あなたの人格（自我）こそが、あなたが克服しなければならない最後の敵の一つです。この惑星には愛が満ち始めている最中だからです。通過儀礼を体験しているところなのです。

イエス・キリストは言いました。

「この地で、神の御心《みこころ》にかなう人々に平和があるように」

――ルカ：2‐14

ですから、神の教えを学んだあなたは、周りの人に対して自分が完全であるように努力しなければなりません。

あなたがするべきことは、すべての人に善意と祝福を贈ることです。そうすれば、不思議なことに、あなたが祝福を贈った相手は、たとえあなたを傷つけようとしても、その力を失ってしまうのです。

仕事のことでわたしのところに相談に来た男性がいました。彼は機械のセールスマンでしたが、自分たちより優れた機械を売り込むと主張する手強いライバルが現れ、彼はライバルに客を取られてしまうのではないかと恐れていました。

わたしは彼に言いました。

「まず、恐怖心を取り除くことが必要です。そして、神があなたの利益を守って下さること、神の考えは状況を通して明らかになることを理解しなければなりません。つまり、よい機械は、売るにふさわしい人によって、それを持つにふさわしい人に売られる、ということです」

「ライバルの男性に批判的な思いを持たないで下さい。一日中、彼を祝福してあげて下さい。そして、それが神のお考えであるなら、あなたの機械が売れなくても構わないと思って下さい」

ミーティングの当日、彼は一切の恐れを持たず、その男性を祝福する気持ちをたたえながら、会場に向かいました。

いざプレゼンテーションが始まると、なんとライバルの機械が動こうとしませんでした！　こうして、彼は難なく自分の機械を売ることができたそうです。

「しかし、わたしは言っておく。あなたの敵を愛し、あなたに罵声《ばせい》を浴びせる者に祝福を与えなさい。あなたに憎しみを持つ者を思いやりなさい。そして、あなたにつけ込んだり害する者のために祈りなさい」

——マタイ：5 - 44

あなたの善意は、あなたの周りに素晴らしいオーラをつくり出し、そのオーラがあなたを守ってくれます。

「あなたに向けられたどんな武器も役に立たなくなる」

つまり、愛と善意はあなたの内なる敵を滅ぼすので、あなたは、外の世界にも敵を持たなくなるのです。

「地上では、善意を送る人々に平和があります」

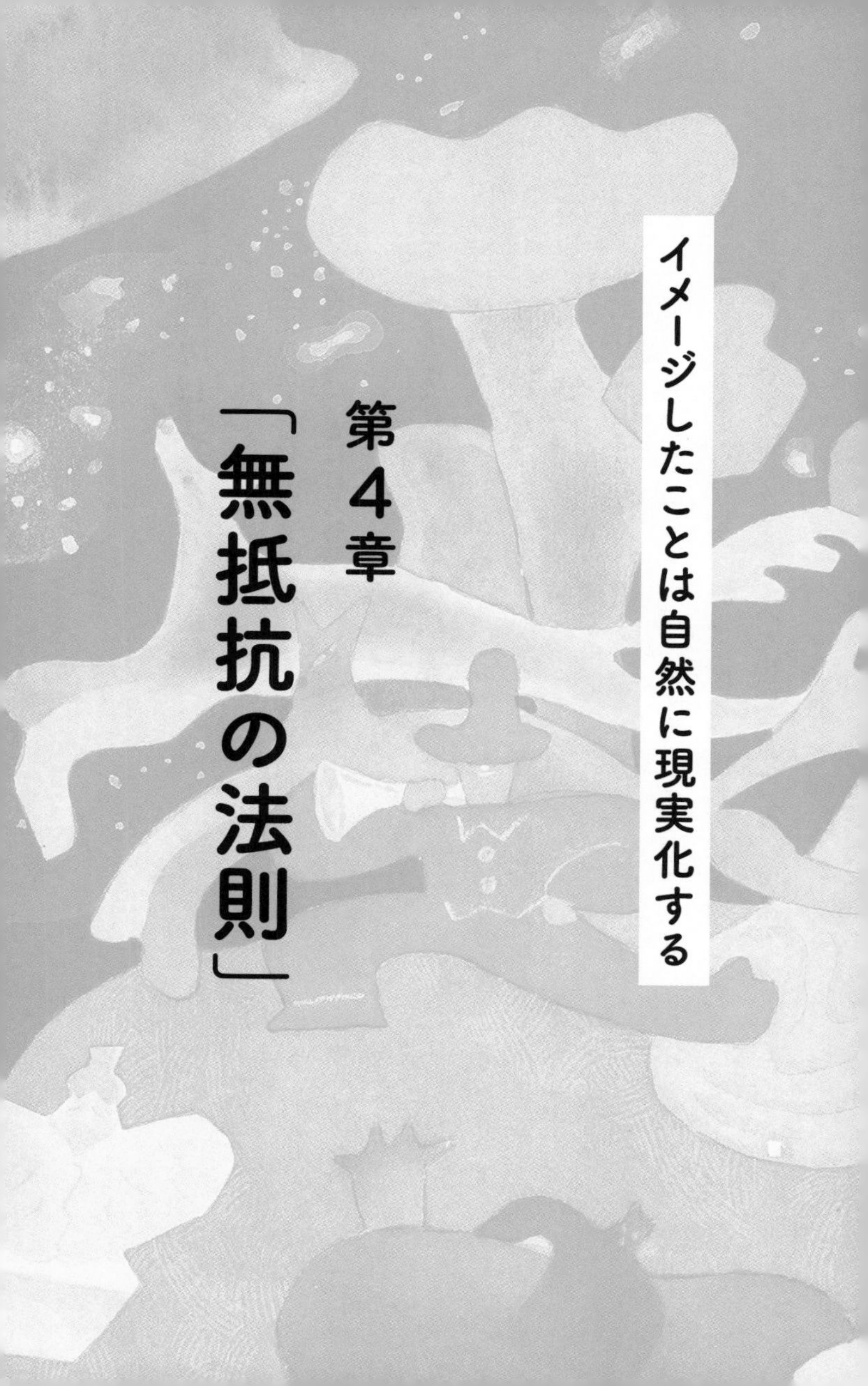

イメージしたことは自然に現実化する

第4章
「無抵抗の法則」

「悪」とは実体のない虚像

「悪に抵抗してはいけません。でも、悪に負けてもいけません。善をもって悪に打ち勝ちなさい」

全く無抵抗な人に抵抗できる人は、誰もいません。

中国には「水は完全に無抵抗であるがゆえに、最も強力となる。水は岩をも砕き、その前にあるすべてのものを洗い流す」という言葉があります。

「悪に抵抗してはいけません」と、イエス・キリストは言いました。

キリストは、悪などというものは、実際には存在しないため、抵抗する価値がないことを知っていたのです。悪は人間の「虚しい想像力」、または「この世には善と悪の二つの力が存在するという信念（思い込み）」が生み出したものです。

アダムとイブの伝説では、二人が幻想の木の実を食べたら、唯一絶対の力である神の代わりに、二つの力が見えた、とあります。

悪は、「ソウル・スリープ」を通して、人間がつくり上げた偽りの法則です。ソウル・スリープとは、わたしたちの心が、世俗的な考え（罪や病気、死など）に染まりきって、催眠状態になっているときに見た幻想が描き出されてしまうこと。

第1章で、心（魂）とは、潜在意識のことであり、よいことでも悪いことでも、心に深く感じたことは、忠実な僕（潜在意識）によって、正確に現実化されると言いました。

あなたの体やあなたの身の回りに起きることは、あなたが何を心にイメージしてきたかを物語っています。病気の人は病気を、貧しい人は貧困を、そして金持ちは富をイメージしてきたのです。

「なぜ、幼い子どもが病気を引き寄せるのでしょう？　彼らはまだ小さ過ぎて、病気の意味さえわかっていないのに」と質問する人がいます。

わたしは、この質問に、「子どもたちは他の人の思いに敏感で影響を受けやすいため、両親の恐れを自分に引き寄せて、現実化させてしまうのです」と答えます。

ある哲学者は、次のように言っています。「もしあなたが、あなたの潜在意識を自分で管理しないなら、他の誰かがあなたの代わりに管理することになります」。

無意識とはいえ、母親が絶えず自分の子どもが病気になるかもしれない、事故にあうかもしれないと心配して、神経をピリピリさせていると、実際にその子が病気になったり事故にあったりすることがあります。それは、母親が無意識のうちにそれを引き寄せているからです。

友人がある女性に、娘さんはもうはしかにかかったのかと聞いたそうです。そしたら、その女性は即座に「それが、まだなのよ!」と答えたそうです。

この言葉から、この女性は子どもがはしかにかかるのは当然のように思っていること、そして、親子ともに、子どもがはしかにかかる準備をしていることがわかります。

これに対し、正しい思考を身につけた人は、周りの人たちに善意しか送りません。恐怖心がないので、他人の否定的な思いに動揺したり、悪い影響を受けたりすることもありません。その人は、善意だけを送り出しているので、善意だけしか受け取れないのです。

失敗が成功に変わる「変換の法則」

抵抗は地獄です。抵抗すればするほど、あなたを「苦しい状態」に追い込みます。

あるとき、哲学者がわたしに、人生のゲームを勝ち抜く素晴らしい秘訣《ひけつ》を教えてくれました。それは無抵抗という究極の技でした。

彼は次のような言い方をしました。

「昔、わたしは子どもたちに洗礼を受けさせていました。そのため、彼らはさまざまな洗礼名を持っています。しかし、今は、もう彼らに洗礼を受けさせる必要はなくなりました。その代わり、何か起きると、その出来事に関する洗礼名をつけています。

たとえば、わたしが何かに失敗したなら、その失敗した出来事に対して、父と子と聖霊の御名《みな》において、『成功』という洗礼名を与えるのです」

これは、無抵抗にもとづく、優れた「変換の法則」の活用例です。彼の言葉によって、すべての失敗は成功へと変換されたのです。

ある女性はお金を必要としていましたが、お金持ちになるための「宇宙の法則」をよく理解していました。

彼女には仕事上、付き合わなければならない男性がいましたが、この男性が、いつも、お金がないとか、だから何もできないとか不満ばかりを言うので、聞いている彼女もとても惨《みじ》めな気持ちになりました。

そのうち、彼女も彼と同じように否定的な考え方をするようになってしまい、すっかり彼が嫌いになってしまいました。そして、自分の失敗は、この男性のせいだと思うようになりました。

しかし、彼女は、神から自分に与えられるべきものを受け取るには、まず自分がすでに神から受け取っていることをイメージする必要があること、そして金持ちになるには、金持ちであるような気持ちを持たなければならないことを、よく理解していました。

ある日、彼女は気づきました。

これまで、ただ自分の周りの状況に抵抗していたことに。そして唯一の力ではなく、二つの力を認めていたことに。

そこで彼女は、その男性の幸せを神に祈り、自分の目の前にある状況に洗礼を授け、『成功』と名付けました。

そして、次のようなアファメーションを唱えました。

「あるのは唯一絶対の力。神が存在されるのだから、この男性は、わたしの幸せと成功のためにここにいるのです」（実際には、全く反対のように見えましたが）。

それから間もなくして、彼女はこの男性を通して知り合った女性の手助けをし、そのお礼として、数千ドルを受け取りました。さらに、この男性は遠くの町に引っ越して行き、自然に彼女の人生から姿を消しました。

「宇宙の法則」は完璧です

「あなたの敵を愛しなさい。そうすれば彼の銃弾は消え失せるでしょう」。そして、彼の矢は愛へと変わるのです。

この法則は個人だけでなく、国家間でも通用します。

ですから、敵国を愛しなさい。そしてその国のすべての国民に愛と善意を送りなさい。そうすれば、その国が持つ危害を加える力は消え失せていくでしょう。

無抵抗の本当の意味を理解するには、宇宙の法則について学ぶ必要があります。わたしのクラスの生徒たちはよく、「玄関マットにだけはなりたくない」と言います。わたしは、「この無抵抗の法則を賢く使えば、あなたがたを踏みつけにする人はいなくなりますよ」と教えています。

わたし自身の例をお話ししましょう。

ある日、わたしはやきもきしながら、大事な電話を待っていました。その大事な電話がかかってきたときの邪魔になってはいけないと、他の電話はできるだけさっさと切り上げ、わたしからは誰にも電話をかけないで、ひたすらその電話を待ち続けていました。

「宇宙の計画は絶対である。だから、電話はちょうどいいタイミングでかかってくる」ということを忘れ、それに従うこともせず、自分一人で神経を張りつめていました。しかし、1時間たっても、電話は鳴らないままでした。

ふと、電話に目を向けたら、受話器の接続が切れていることに気がつきました。大事な電話がつながらなかったらどうしよう、という不安、恐れ、そして自分勝手な信じ込みが、本当に電話をつながらない状態にしていたのです。

自分の過ちに気づいたわたしは、すぐにその状況を祝福しました。そしてその状況に、『成功』という洗礼名をつけました。

そして、次のアファメーションを唱えました。

「宇宙の計画によってわたしに届くことになっている電話を、わたしが受け取らないはずはありません。わたしは律法の下ではなく、神の慈悲の下にあるからです」

友人が、電話会社に再接続を依頼するために、大急ぎで最寄りの電話のあるところまで行ってくれました。

そこは食料雑貨店で、ちょうどその時、大勢の客でごった返していましたが、店の主人は並んでいた客を待たせて、電話会社に電話をかけてくれました。

おかげで電話はすぐにつながり、その2分後には大事な通話があり、そして、約1時間後に、わたしは待ち望んでいた結果を受け取ったのでした。

船は、穏やかな海から港に入るのです。

置かれている状況に抵抗してはいけない

あなたが自分の置かれている状況に抵抗している間は、それに振り回され、そして、その状況から逃げると、その状況があなたを追いかけてきます。

あるとき、わたしは一人の女性にこのことを話しました。すると、その女性は、「全くその通りだわ！」と声をあげました。

そして「実はわたし、実家では幸せを感じたことがなかったんです。母はいつも批判的で偉そうにしていて、わたしはそんな母を嫌っていました。それで家を逃げ出して、結婚したのですが、夫はわたしの母とそっくりで、まるで母と結婚したみたいでした。結局わたしは、再び同じ状況と向き合う羽目になったのです」と話してくれました。

「困難な状況にあるときは、早くそれと仲直りしなさい」

――マタイ：5‐25

これは、どんなつらい状況にもきちんと向き合って、それを受け入れ、心を乱されずにいれば、その状況はいずれ自らの重みで崩れ去るという意味です。

「わたしは、こんなことで決して動揺しません」という言葉は、強力なアファメーションになります。

不調和な状況があるのは、あなたの心に不調和があるからです。

不調和な状況に置かれても、あなたがそれに反応せず、落ち着いた心を持ち続けるならば、その状況はあなたの人生から永遠に消え去るのです。

あなたが気になる他人の欠点はあなたの姿

この話からも、あなたが向き合わなければならない相手は、常に自分自身であることがよくわかると思います。

多くの人から、「なんとかして、夫や兄を変えるための方法を教えて下さい」といったような相談をよく受けます。そんなとき、わたしはいつも次のように答えます。

「いいえ、それは無理ですよ。でも、あなたが変わるための手助けならできます。あなたが変われば、あなたのご主人やお兄さんも変わるでしょう」

わたしのクラスに虚言癖のある学生がいました。わたしは、嘘はよくないと注意しました。「あなたが嘘をついていると、必ず嘘をつかれることになる」と。

彼女はこう答えました。

「それでも構わないんです。だって、もう嘘をつかずにはやっていけないんですもの」

彼女には恋人がいました。ある日、その恋人と電話で話していましたが、それが終わると、わたしのほうを向いて「わたし、彼が信用できないんです。わたしに嘘をついていることがわかるんです」と言います。

わたしは、「あなたが嘘をついているから、嘘をつかれるのです。しかしあなたは、彼に本当のことを言ってほしいと思っているのではありませんか?」と問いかけました。

それからしばらくして、彼女に会ったとき、「わたし、もう嘘をつかなくてもよくなりました」と言うのです。

「何があったの?」と聞くと、「実はわたし、ある女性と一緒に住んでいたのですが、この人がわたしよりもっとひどい嘘つきだったんです!」という答えが返ってきました。

わたしたちは、人の過ちを見ることによって自分の過ちに気づき、正すことができます。

人生は鏡です。あなたが他人に見るのは、実はあなた自身の姿なのです。

過去や未来でなく、今をしっかりと見つめ生きる

過去に生きるのは、宇宙の法則に反する生き方です。

イエス・キリストは次のように言っています。

「見よ、今は恵みの時。見よ、今は救済の日である」

――コリント人への手紙2：6-2

ロトの妻は、神に振り向くなと言われたのに、振り返り、塩柱にされました。時の盗人は、「過去」と「未来」です。ですから、もし、あなたが過去に囚われ続けているなら、過去に感謝をして、さっさと手放しましょう。

そして、未来には尽きることのない喜びが用意されていることを楽しみに、「今」を、精いっぱい生きましょう。

あるとき、一人の女性がわたしのところにやって来て、クリスマスプレゼントを買うお金がないと愚痴をこぼしました。「去年は全く違っていました。じゅうぶんなお金があったので、みんなに素敵なプレゼントを贈ることができたんです。でも、今年は1セントもままならないありさまです」。

わたしは、「そんなしみったれた姿で、過去にしばられている間は、決してお金を引き寄せることはできませんよ。今を精いっぱい生きながら、クリスマスプレゼントをあげる準備をして下さい。自分の水路を掘って下さい。そうすれば、お金はやって来ます」とアドバイスしました。

すると、彼女が大声で叫びました。「そうだわ！　クリスマス・タグを買わなくちゃ。それからシールとラッピングペーパーも！」

わたしは、「是非そうして下さい。そうすれば、プレゼントは向こうからやって来て、勝手にシールに貼り付きますから」と励ましの言葉をかけました。

ここでもまた、お金の不安か、または神への信頼かということが試されています。

彼女の理性は、「1セントも無駄にしてはいけないよ。お金が入ってくるかどうかもわからないのだから」とささやいていたはずです。

彼女はさっそく、シールとラッピングペーパー、そしてタグを買いました。

すると、クリスマスの数日前に、数百ドルという贈り物が彼女の手元に届きました。シールやタグを買うことで、潜在意識にお金が入るという期待感が刻まれ、それが、現実のものとなる道を開いたのです。

そのお金で、彼女は余裕を持ってプレゼントを買うことができたそうです。

あなたも、「今」という瞬間を精いっぱい、生きなければなりません。

「今日という日をしっかりと見つめなさい。これが、夜明けへの挨拶《あいさつ》なのです」

「正しい言葉」で一日を始めなさい

どんなチャンスが来ても取り逃すことのないように、あなたは気を緩めることなく注意深く、目の前に現れるヒントを活用しなければなりません。

ある日、わたしは次の言葉を心の中で唱え続けていました。

「神よ、わたしが、どのようなヒントも見逃すことがないように、お守り下さい」

するとその晩、わたしにとって、とても大事なニュースがもたらされたのです。

ですからあなたも、正しい言葉でその日一日を始めなければなりません。

朝、目覚めたらすぐに、たとえば、次のようなアファメーションを唱えてみてください。

「今日は完成の日です！　わたしはこのよき日に感謝いたします。奇跡に次ぐ奇跡が続き、驚きは絶えることがありません」


これを習慣にすれば、素晴らしいことやサプライズがあなたの前に次々と現れるはずです。

ある朝、わたしが1冊の本を手に取ると、そこにはこう書かれてありました。

「あなたの目の前にあるものを、驚きを持って見なさい」

これは、わたしへの今日のメッセージだと思えたので、わたしは、「あなたの目の前にあるものを、驚きを持って見なさい」と、何度も何度も繰り返しました。

その日のお昼頃、わたしは大金を受け取りました。

そしてこれは、ある目的のために、わたしが必要としていたお金だったのです。

成功を呼び寄せる「アファメーション（肯定の言葉）」

この項では、わたし自身の体験を通して、とくに効果的だったアファメーションを紹介したいと思います。一方で、アファメーションを使うときは、その人の意識が心から満足できて、納得し確信できるものでなければなりません。

また、アファメーションの言葉はそれぞれの人に合うように、変える必要があるでしょう。

たとえば、次に挙げるのは、多くの人に成功をもたらしたアファメーションです。

「わたしは最高の方法で、最高の仕事を手に入れる。わたしは最高の仕事をして、

「最高の報酬を受け取る！」

前半の言葉は、わたしが生徒の一人に教えたものですが、後半は彼女が付け加えたものです。

おかげで、最高にパワフルなアファメーションとなりました。最高の仕事への最高の報酬が約束されています。そして、スムーズに潜在意識に沁み込んでいくようなリズムを持っています。

彼女はこれを大声で唱え続けていたところ、すぐに、最高の方法で、最高の仕事が見つかり、最高の仕事をして、最高の報酬を得るようになりました。

もう一人の生徒もまた、これを使いましたが、彼はビジネスマンだったので、言葉をビジネス用に変えました。

「わたしは、最高の方法で、最高の取引を成立させ、最高のサービスを提供することによって、最高の報酬を受け取る」

彼のビジネスはそれまで何カ月もの間、停滞していたのですが、その日の午後に、4万1000ドルもの取引を成立させました。

すべてのアファメーションには一つひとつ適切な言葉が使われ、あなたの願うことが余すところなく表現される必要があります。

ある女性は、とても困窮していて、仕事を欲しがっていました。そのため、仕事が得られるようアファメーションを唱え、相当量の仕事を手にしましたが、一銭も報酬が支払われることはありませんでした。

今、彼女のアファメーションには、次の文言が追加されています。

「最高の仕事をして、最高の報酬を受け取る」

豊かさは、神から人間に与えられた権利です。それもあり余るほどの！

「あなたの倉は満ち足りて余り、あなたの酒蔵は新しい酒で溢れる！」

——箴言：3-10

これこそ、神が理想とする人間像です。あなたが自分の潜在意識に刻み込まれた欠乏という思いを消し去ったとき、あなたは黄金時代を迎えます。そのとき、あなたの心からの願いは、すべて叶えられるでしょう。

あらゆる不幸な状況から自由になれる

第5章
「カルマの法則」と「赦《ゆる》しの法則」

あなたは「したこと」しか受け取れない

あなたは自分が与えたものしか受け取ることはできません。

人生という名のゲームは、ブーメランのゲームです。あなたが思うこと、行うこと、そして話す言葉は、そっくりそのまま、それも驚くほどの正確さで、必ずあなたのところに舞い戻ってきます。

これが「カルマの法則」です。

「人は自分が蒔いたものを、いずれまた刈り取ることになる」

――ガラテヤ人への手紙：6－7

わたしの友人が自分の経験を話してくれたので、ここにご紹介しましょう。

実によくカルマの法則が説明されていると思います。

「どうやら、わたしは、叔母に大きなカルマをつくったようです。わたしが叔母に言った言葉を、そっくりそのまま必ず他の人から言われるのです。

家にいるとき、わたしは不機嫌になりがちでした。ある日の夕食時、わたしに話しかけていた叔母にわたしは『おしゃべりはそれぐらいにして。静かにお食事がしたいから』と言ってしまったのです。

次の日、ある女性とランチをしました。わたしは、その人に自分を強く印象づけたくて、一生懸命話しかけていました。そうしたら彼女に言われたんです。『おしゃべりはそれぐらいにして。静かにお食事がしたいから』って」

この友人は意識の高い女性でした。そのため、カルマが早く戻ってきたのです。

「なりたい自分」にしかあなたはなれない

「宇宙の法則」の真実を知れば知るほど、あなたの責任も重くなります。ですから、宇宙の法則を知っていながらそれを実践しないと、あなたは非常に苦しむことになります。

「知恵は、主を畏《おそ》れる心から生まれます」

――詩篇：111－10

「主」という言葉を「法則」に置き換えてみると、聖書の中の教えの多くがよりはっきりと理解できるようになります。

「主が言われる。復讐《ふくしゅう》はわたしのすることである。わたし自身が報復する」

――ローマ人への手紙：12－19

これも、「主」という言葉を「法則」に置き換えると、法則が仕返しをすると理解できます。

神にとって人間は、「**自分の姿に似せて創造され（創世記：1‐27）**」そして「力と支配権」を与えられた完璧な存在なのです。

これが神の心に描かれたあなたの完璧な姿であり、あなた自身がこれに、つまり、あなたの本当の姿に気がつくのを待っているのです。

あなたは、なりたいと思うあなたにしかなれないし、実現したいと思うことしか実現できないからです。

「見物人なしでは、何も起きない」と昔のことわざにあります。

失敗や成功、あるいは、喜びや悲しみが現実に起きる前に、あなたは自分の想像の中でこのような状況をつくり出しているに過ぎません。これまでのテキストや講演などでも、自分の子どもが病気になるのを恐れる母親や、夫の成功を願う妻の話を紹介してきた通りです。

イエス・キリストは言っています。

「あなたがたは真理を知り、真理はあなたがたを自由にします」

——ヨハネ：8-32

ですから、知ること、すなわち宇宙の法則を知ることによって、あなたは（あらゆる不幸な状況から）自由になれるのです。

法則を間違って使うと混乱を招く

ある女性は強い意志を持っていました。彼女は知り合いの家を手に入れたいと強く願っていました。そして、しょっちゅうその家に住んでいる自分をイメージしていました。

やがてその家の持ち主の男性が亡くなり、彼女はその家に引っ越しました。

それから何年かして、彼女は宇宙の法則を学ぶようになりました。

そしてわたしのところにやって来て、次のように尋ねました。

「わたしの願ったことが、あの男性の死と何か関わりがあったのでしょうか?」

わたしは、「ええ、あなたの願望はとても強かったため、あの男性はあなたに家を譲らざるを得なかったのです。でも、あなたは自分がつくったカルマをもう返したはずです。あれほど愛していたご主人がその後すぐに亡くなりましたね。そしてあなたは、維持費ばかりかさむ、厄介なあの家に、何年も住み続ける羽目になったのですから」と答えました。

ただし、元の家の持ち主も、ポジティブな思いを持ちながら真理を信じていたなら、彼女の思いに影響されることはなかったでしょう。

これは彼女の夫にも言えることです。彼らは二人とも、カルマの法則に支配されてしまったのです。

彼女は次のようなアファメーションを唱えるべきでした。

「神よ、この家に匹敵するほど素晴らしく、神の意志によってわたしに与えられる、わたしにふさわしい家をお与え下さい」

こうして神の選択に委ねたならば、誰もが満足のいく結果が得られたはずです。神の計画だけが、わたしたちが安心して従うことができる間違いのない計画なのです。

願望はとてつもない力を持ちます。ですから、正しく方向づけられなければなりません。そうしないと、必ず大きな混乱を招きます。

アファメーションを唱えるとき、一番大事なのは、正しく願うことです。あなたは常に、神の意志によってあなたに与えられるものだけを願わなければなりません。

先ほどの話に戻りましょう。

もしこの女性が、「この家がわたしにふさわしい家であれば、わたしはこれを手に入れたいと思います。でも、そうでないなら、これと同じように素敵な家をわたしに与えて下さい」と望んだならば、男性は気持ちよくこの家から出て行ったかもしれません（もしそれが神の選択であるならば）。あるいは、この家の代わりに、別の家が与えられたでしょう。

自分の意志で無理やり実現させたものは、「不正に得たもの」であり、「不運」がついて回ります。

宇宙の計画に委《ゆだ》ねる

人間には次のような戒めがあります。

「あなたの意志ではなく、神の意志がそれを下されます」

興味深いのは、あなたが自我の思いを手放すことによって、神の意志があなたを通して働き始めたとき、あなたが願った通りのものを受け取ることです。

「恐れてはならない。今日、あなたがたのために行われる主の救いを見なさい」

——歴代誌下：20-17

わたしのところにやって来た女性は、何か、大きな心配事を抱えている様子でした。詳しく聞くと、彼女の娘がとんでもなく危険な旅に出る決心をしたそうで、彼女は心配でたまらないと言います。

彼女はなんとか娘を思いとどまらせようとしました。そして、どんな危険が待っているかわからないから、旅に出ることは許さないと言いました。しかし娘はますますムキになって、「絶対に旅行に行くわ！」と言い張るのだそうです。

わたしはこの母親に言いました。

「あなたは自分の意志を娘さんに押し付けようとしていますが、あなたにその権利はないのですよ。むしろ、あなたの恐れが、その旅を引き寄せています。人はその人が恐れることを、自ら引き寄せるのです」

そしてこう続けました。

「恐れを手放しなさい。干渉するのをやめて、神の手に託しなさい。そして、次のアファメーションを唱えるのです。

わたしはこの状況を神の愛と神の知恵に委ねます。もしこの旅が神の計画であるなら、わたしはそれを祝福し、反対はしません。でも、もしこの旅が神の計画でないならば、それが取り消され、消え去ることに感謝いたします」。

数日後、娘は母親に「旅行はやめることにしたわ」と言ったそうです。そして、その後は何事もなかったかのように、元の生活に戻りました。

この話から学ぶべきは、「落ち着いて成り行きを見守る」ことの重要性ですが、わたしたちにとってこれほど難しいことはありません。これについては、第4章でもお話しした通りです。

「赦《ゆる》しの法則」で自分の間違いが無効になる

種蒔《ま》きと刈り取りについて、もう一つの例を紹介しましょう。それはとても不思議な話でした。

ある女性がわたしのところにやって来て、銀行で受け取った20ドル札が偽札だったと言いました。彼女はとても取り乱していました。「銀行の人たちが、自分たちの過ちを認めるはずがない」からです。

わたしは、「もう少し状況を整理して、なぜあなたがこの偽札を引き寄せたのか、考えてみましょうよ」と言いました。

彼女はしばらく考えていましたが、突然、叫びました。「わかったわ！　ほんの冗談のつもりで、友人にステージ・マネー（注＝テレビや映画などで使われる小道具用の偽札）をどっさり送ったことがあるの」。

それで、カルマの法則がそのステージ・マネーを彼女にも送ったのです。すでに述べたように、法則に冗談は通じないのです。

わたしは彼女に言いました。「それでは赦しの法則にお願いして、この状況を無効にしてもらいましょう」。

キリスト教の教えは赦《ゆる》しの法則にもとづいています。イエス・キリストは人々をカルマの法則から救い出してくれました。そしてあなたの中の内なるキリストは、あなたをあらゆる不調和の状態から救い出してくれるのです。

わたしは次のアファメーションを唱えました。

「神よ、わたしたちは赦しの法則を求めています。彼女が律法の下ではなく、慈悲の下にあること、そして神の意志によって、この20ドルは彼女のものであることに感謝いたします」

「さあ」とわたしは言いました。「銀行に引き返して、このお札が手違いによってあなたに渡されたことを、堂々と彼らにお話しなさい」。

彼女は言った通りにしました。そして驚いたことに銀行の人たちは自分たちの非を認め、丁重な姿勢で彼女に謝り、新しい20ドル札と交換してくれたのでした。

このように、赦しの法則を知っていれば、あなたは自分の過ちも無効にすることができるのです。

お金持ちになる確実な方法

あなたが本当は信じていないことを、無理やり外の世界に実現することはできません。たとえば、あなたがお金持ちになりたいのなら、あなたはまず意識の世界でお金持ちにならなければなりません。

ある女性が、お金持ちになるためのカウンセリングを受けに、わたしのところにやって来ました。彼女はあまり家事が好きではなく、彼女の家はひどく散らかっていました。

わたしは彼女に、「お金持ちになりたいと思うなら、まず、家の中を片付けるよう心がけて下さい。お金持ちの人の家はいつも整理整頓されていますよ。秩序が天国の第一の規則なのです」とアドバイスし、「ピン・クッションにマッチの燃えかすを刺しているようでは、まあ、金持ちになるのは無理でしょうね」と、冗談っぽくつけ加えました。

彼女はユーモアのわかる女性で、すぐに家の中の整理を始めました。家具の配置を変え、引出しの中を整理し、絨毯《じゆうたん》も全部きれいにしました。その後すぐに、親戚の人から多額のお金をもらうことになったのです。自分の願いを実現したのでした。まるで彼女自身がリフォームされたように、すっかり変わりました。

家の中の整頓にも気を配るようになり、自分が必要とするものはすべて神が与えてくれることを知って、今よりももっと豊かになれるのを楽しみにしながら、お金の管理にも気をつけるようになりました。

これはあまり知られていませんが、寄付をしたり、誰かにプレゼントしたり、自分のために何かを買ったりするのは、決して無駄遣いではなく、あなた自身への投資となります。逆に、お金を貯め込んでいると、結局、そのお金はどこかに消えてしまうことになります。

「施し散らして、なお富を増す人があり、与えるべきものを惜しんで、かえって貧しくなる者がある」

——箴言：11 - 24

わたしの知り合いの男性は毛皮の裏地のついたコートを探していました。彼は妻と一緒にあちこちの店を回りましたが、どれも安っぽくみえて、自分が欲しいコートがなかなか見つかりません。でもついに、あるお店で、自分が欲しいと思うコートを見つけました。店員は1000ドルだと言いましたが、店の主人はシーズンも終わりに近いので、半値の500ドルでいいですよ、と言います。

男性はそのとき、700ドルぐらいしか持っていませんでした。そして彼の理性もまた「有り金全部を、コートに使うなんて、できっこないよ」とささやいていたはずです。でも彼はとても直感的な人間で、理屈をこねる人ではありませんでした。

彼は妻のほうを向いて言いました。「このコートがあれば、絶対にお金を儲《もう》けられるよ！」妻は、しぶしぶ同意しました。

およそ1カ月たった頃、彼は仕事で1万ドルの手数料を受け取りました。

このコートが彼をとてもリッチに感じさせ、それが、仕事での成功と報酬に結びついたのです。このコートなしでは、彼はこの手数料を受け取ることはありませんでした。つまり、このコートを買ったことは、高配当の投資だったのです！

もし、あなたがこうした直感を無視して、使うべきお金を使わないでいると、そのお金はつまらないことや嬉しくないことに浪費されるか、何かの事故で消えてなくなってしまいます。

もう一つ、ある女性に実際に起きた興味深い話があります。

彼女は、今年の感謝祭のディナーは用意しないことにしたと、家族に伝えました。家族みんなが感謝祭のごちそうを楽しみにしていたし、それだけのお金はじゅうぶんにあったのですが、彼女はそのお金を使わずにとっておきたかったのです。

しかし数日後、泥棒が彼女の部屋に押し入り、ちょうどディナー分のお金が引出しから抜き取られていました。

恐れることなく、賢くお金を使っていれば、こうはならなかったでしょう。

別の例も紹介しましょう。

わたしの生徒の一人が、甥《おい》と一緒にショッピングをしていました。幼い甥はおもちゃが欲しいと大声でねだります。彼女はお金がないからおもちゃは買えないと、一生懸命言い聞かせていました。

しかしそのとき、彼女は突然、気づいたのです。「自分に必要なものは、神がすべてを与えて下さることを知っていながら、わたしはそれを信じることができずに、結局貧しさを求めていた」ことに。

それで、すぐに甥におもちゃを買ってあげました。そして、家に帰る道中で、このおもちゃに支払ったお金と同額のお金を得ることになったそうです。

「因果の法則」を超える崇高な法則があなたを解き放つ

「神は、あなたに必要なものをすべて与える」という法則を、あなたがなんの疑いもなく信じることができたなら、それは必ず現実となります。でも、それが現実となるためには、まず信じることが必要です。

「あなたがたが信じることによって、現実になる」

——マタイ：9-29

「信仰とは、望んでいることを確認し、まだ見ていない事実を確信することである」

——ヘブライ人への手紙：11-1

信仰によって、あなたは揺るぎないヴィジョンを持つことができます。信仰はあなたのヴィジョンを確固たるものにしてくれるだけでなく、反対のヴィジョン、つまり、失敗のイメージを消し去ることができるからです。

「たゆまないでいると、時が来れば刈り取ることになる」

――ガラテヤ人への手紙：6‐9

イエス・キリストは、カルマの法則を超えた崇高な法則という「福音《ふくいん》」を人々にもたらしました。それが「慈悲と赦しの法則」です。

この法則は、「律法の下ではなく、慈悲の下で」あなたを「因果の法則」から解き放してくれます。

そこでは、あなたは自分が蒔かなかったものを刈り取ることになります。

「神の恵みがあなたに降り注ぎます」「神の国（宇宙の法則）が与えることができるすべてがあなたのものです」と、イエス・キリストは言いました。
あなたが世俗的な考えに打ち勝ったとき、あなたは神（宇宙の法則）の豊かな愛と恵みを受け取ることができ、その幸福感は永遠に続くでしょう。
わたしたちは、人生には苦しみがつきまとうものだと考えます。

しかし、イエス・キリストは次のように言っています。

「勇気を出しなさい。わたしはすでに世に勝っている」

――ヨハネ：16-33

現世には、罪や病気、死が存在しますが、イエス・キリストは、これらには全く実体がないことを知っていたからこそ、「病気や悲しみは消え去ります。そして、そして最後の敵である死も乗り越えられます」と言ったのです。

今日では、潜在意識に永遠の若さと永遠の命の強い信念を刻み込むことによって、死をも超越できるという科学的見解さえ出されています。

潜在意識は単なる力で、方向性を持たないため、受け取った命令をそのまま実行します。よって、潜在意識を超意識（人間の内なる神）の指示に従わせることができれば、「肉体の復活」も可能になるのです。

人間は死ぬとき、もはや肉体を脱ぎ捨てることはないでしょう。ウォルト・ホイットマン（注＝アメリカの詩人・随筆家。１８１９〜１８９２）が書いたように、肉体は「霊魂」に変容します。キリスト教は免罪とイエスの復活を土台としているからです。

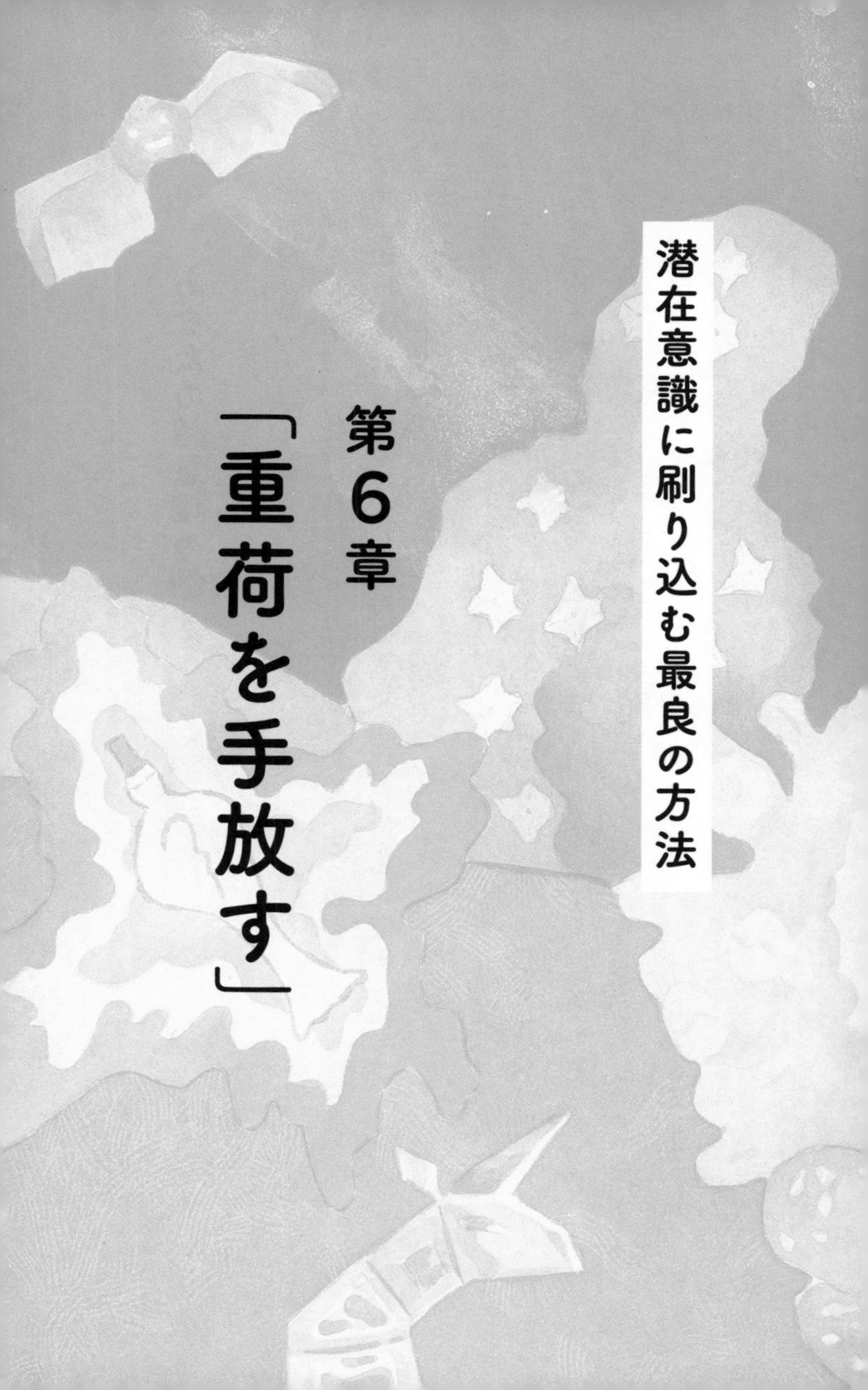

潜在意識に刷り込む最良の方法

第6章
「重荷を手放す」

あなたの超意識の働き

自分が持つ力と心の働きがわかった人なら誰もが、心に秘めた願いを潜在意識に刷り込む手っ取り早い具体的な方法を知りたいと思うはずです。いくら頭で真理について理解しても、それだけでは結果が伴わないからです。

わたしがたどり着いた、最も簡単な方法は「重荷を手放す」ことです。

これについて、以前、ある哲学者が次のように説明してくれました。

「あらゆる物には重力の法則が働いています。しかし、もし、大きな岩が地球の空からはるか高くに持ち上げられるとしたら、その岩には重さがなくなって、浮いていることになります。そしてこれこそ、イエス・キリストが言われた『わたしのくびきは負いやすく、わたしの荷は軽い』ということです」

イエス・キリストは、現世につきまとう悩みや迷いを超越して、生命力と喜びに溢れた神の世界で、完璧で完成された教えを広められました。

イエス・キリストはこう言われました。

「重荷を負うて苦労している者は、わたしの元に来なさい。あなたがたを休ませてあげよう」

「わたしのくびきは負いやすく、わたしの荷は軽いからである」

——マタイ：11－28

また、聖書には次のように書かれています。

「あなたの重荷を神に委ねよ」

聖書には、「戦いは神のすることであって、人間の仕事ではないのだから、あなたは神の救いを静かに見守っていなさい」という教えが多く見られます。

これは、超意識（内なるキリスト）があなたに代わって戦い、そしてあなたを重荷から解き放してくれることを示しています。

超意識に重荷を渡す

重荷とは、潜在意識に刻み込まれた否定的な思いや苦しい状況のことです。ですから、あなたが重荷を背負っているならば、それは、神の教え（宇宙の法則）に反することになります。

それに、あなたの理性（知性）は疑いや恐れでがんじがらめになっているので、この理性から潜在意識に指示を出して、あなたの重荷を取り払ってもらうのはほとんど不可能でしょう。

重荷を超意識（内なるキリスト）に託すことは、科学的にも意味があります。超意識の世界では、重荷はまるで光のように消えてなくなるのです。

ある女性は、今すぐにお金を必要としていました。そして、彼女は次のアファメーションを唱えることによって、超意識（内なるキリスト）を呼び覚ましました。

「わたしは、お金がないという重荷を（内なる）キリストに託すことにします。今、わたしは自由になり、神がもたらして下さる豊かさを享受したいと思います！」

実のところ、お金がないという「信念」が彼女の重荷になっていたのです。彼女は豊かさの信念を持つ超意識を呼び覚まし、その後、おびただしいほどの豊かさが、洪水のようにやって来ました。

聖書には「あなたの内なるキリストは栄光の望みである」とあります。

わたしのクラスの生徒の例をお話ししましょう。

この女性は新しいピアノをプレゼントされました。

でも、古いピアノを部屋から運び出さない限り、その新しいピアノを置く場所がありません。彼女はどうしたらいいかわからず、困り果てていました。

古いピアノも手放したくなかったのですが、それを預ける場所のあてもないまま、新しいピアノは、それを置く場所もないのに、すでにこちらに向かっている最中だったので、彼女はすっかり途方にくれていたのです。


その時、突然閃きがあって、次の言葉を彼女は何度も唱えたそうです。

「わたしはこの重荷を内なるキリストに託します。わたしはこの重荷から解放されました」

その後間もなく、友人から電話があって、彼女の古いピアノをしばらくレンタルできないか、と聞かれました。こうして、古いピアノが運び出された数分後に、新しいピアノが到着したそうです。

また、別の女性は「恨み」が重荷になっていました。長い間、「恨み」に苛まれ、彼女の魂（潜在意識）は「恨みの牢獄」に閉じ込められていたのです。

そこで、彼女は次の言葉を宣言しました。

「わたしは、恨みという重荷を内なるキリストに託します。わたしは、晴れてこの重荷から自由の身となり、愛情深く、調和のとれた、幸福な女性になります」

すると女性の超意識が目覚め、彼女の潜在意識を愛でいっぱいに満たしてくれました。

こうして彼女の人生は大きく変わったのです。

アファメーションでヴィジョンがクリアになる

アファメーションは、繰り返し、繰り返し、何度も唱えなければなりません。時には、数時間、繰り返す必要もあるでしょう。心を鎮めて、でも確信を持って、無言でまたは声に出して、唱えて下さい。

わたしはこれを、よくオルゴールのゼンマイを巻き上げる動きにたとえます。あなたは、自身の言葉によって自分のゼンマイを巻き上げて、あなた自身を奮い立たせなければなりません。

「重荷を手放す」ことによって、あなたのヴィジョンがはっきりとしてきます。俗世間の価値観にどっぷりと浸かって、苦しみに喘《あえ》いでいる間は、はっきりとしたヴィジョンを持てるわけがありません。

疑いや恐れによって心と体が痛めつけられ、想像力によって膨れ上がった恐れが、災害や病気までもを引き寄せてしまうからです。

「わたしは、この重荷を内なるキリストに託し、それから解き放たれます」というアファメーションをいつも繰り返し唱えていると、そのうち、あなたのヴィジョンははっきりしてきます。すると、安心感が生まれ、やがて、健康、幸せ、そして富などのいいことがやって来るようになります。

「夜明け前の暗さ」の意味

ある日、生徒から「夜明け前の暗闇」の意味について質問されました。

前章でも述べましたが、大きな実現の前には「何をしてもうまくいかない状況」が現れ、深い失望感が意識をくもらせることがあります。

これは、長い年月をかけて潜在意識に刻み込まれた疑いや恐れが、きれいに取り去られるために表面に浮かび上がってきたからです。実際、表面に現れたぶんだけ、潜在意識は綺麗になっています。

ですから、あのヨシャファト（注＝ユダ王国の第4代国王）が、敵（貧しさや病気）に取り囲まれたように見える状況の中でも、シンバルを叩いて、自分は救われた、と感謝を捧げたように、あなたもまた、シンバルを叩いて喜ぶべきなのです。

生徒は、「それで、わたしはどれぐらい、その暗闇にいなければならないのですか？」と聞きます。わたしは、「あなたが暗闇の中に明るいヴィジョンを見いだすまで」、そして「重荷を手放すことで、あなたは、暗闇の中に明るいヴィジョンを見ることができるようになります」と答えました。

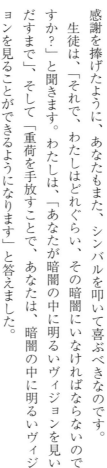

「自分の信じること」を行動で表しなさい

あなたが信じていることを潜在意識に刻み込むためには、実際の行動で表すことが必要です。

「行動を伴わない信念は、死んだも同然」と、わたしは繰り返し、強調してきました。

「イエスは群衆に、地に座るようにお命じになった。それから7つのパンと魚を取り、感謝してこれをさき、弟子たちに渡され、弟子たちがこれを群衆に分けた」。つまりこのとき、イエス・キリストは信念を行動で示されたのです。

自分の信じていることを、あなたが実際に行動に移さなければ、「約束された大地に渡るための橋」も架かってはくれないでしょう。


次の例で、これがどれほど大事であるかをお伝えしましょう。


この女性はちょっとしたすれ違いから、愛する夫と別居していました。彼女は何度も、仲直りをしたいと申し出たのですが、夫は全く取り合ってくれず、彼女と連絡を取ろうとさえしませんでした。

宇宙の法則を知った彼女は、次のアファメーションを唱えました。

「神の世界に別れは存在しません。ですから、わたしは神の意志によって、わたしの伴侶《はんりょ》となった人と別れるはずがありません」

彼女は毎日、テーブルに夫の席と食事を用意することで、彼女の信念を行動に表し、夫が戻ってくるイメージを潜在意識に刻み込みました。

その後、何もないまま1年がたちましたが、彼女の信念は決してぐらつくことはありませんでした。そしてある日、とうとうご主人は彼女の元に戻ってきたのでした。

メロディーにのせて潜在意識に刻印する

音楽を使って潜在意識に刷り込まれることもあります。音楽にはもともと、四次元的なパワーがあるため、がんじがらめになっているあなたの心を自由にしてくれます。とてつもなく凄いことでも、なんとなく、できるような気にさせてくれるのです。

わたしの友人はこの目的のために、毎日オルゴールを聴いています。その音色が最高のハーモニーをかもし出し、想像力を掻《か》き立ててくれるそうです。

また、ある女性は、アファメーションを唱えながら、踊ることがあると言います。音楽のリズム、そしてそれに合わせた踊りの動きが調和して、それが力強いパワーとなって、彼女の唱える言葉を遠くまで響かせてくれるそうです。

「大地の兆し」のようなサインを見逃さない

気をつけなければならないのは、決して「日常のささやかな出来事」を甘く見てはならないということです。

願いが実現する前には、必ず「大地の兆し」のようなサインがあります。

コロンブスはアメリカ大陸に到達する前に、小鳥と小枝を見ましたが、それは大陸が近いという兆しでした。こうした兆しは願いが実現する前触れとして現れるものですが、これを実現そのものと勘違いしてしまい、自分が願ったこととは全く違うじゃないか、とがっかりする人がいます。

ある女性は食器のセットを手に入れるために「アファメーション」を唱えました。それからすぐ、友人から古ぼけた皿を1枚もらいましたが、それはひび割れていて、みすぼらしく見えました。

彼女はわたしのところにやって来て、「わたし、食器のセットをお願いしたのだけど、結局受け取ったのは、ひび割れたお皿1枚だったわ」と不満そうに言います。

わたしは、「そのお皿は約束された〝大地の兆し〟です。あなたの食器が間もなくやって来ますよ、と伝えているのです。首を長くして、待っていてごらんなさい」と答えました。それから間もなく、彼女は確かに食器のセットを手にしたのでした。

「ふり」をする驚くべき効果

何かになった「ふり」を続けていると、それが潜在意識に刷り込まれます。
ですから、あなたが、金持ちであるかのように振る舞い、成功者になったふりをしていると、やがて、「その結果を刈り取る」ことができるのです。

子どもたちはいつでも、何かの「ふり」をします。

イエス・キリストは言いました。

「心を入れ替えて幼な子のようにならなければ、
天国に入ることはできないであろう」

――マタイ：18-3

ある女性は、とても貧しかったのですが、それを気にせず暮らしていました。

彼女は、裕福な友人の家で働いて、わずかな収入を得ていました。

友人たちからは、いつも決まって「あなたは貧しいのだから、お金を使うときは慎重に、無駄遣いをしないようにね」と、注意されていました。

でも、こうした忠告などお構いなしに、彼女は働いたお金で好きな帽子を買ったり、誰かに贈り物をしたりして、お金はなくとも心は最高の幸福感で満たされていました。

彼女の思いは常に美しい衣服、そして「指輪や宝石」に向けられていましたが、他人をうらやむことはありませんでした。

彼女は、自分は素晴らしい魔法の世界に住んでいて、豊かで恵まれた生活を送っていると信じ込んでいたのです。

やがて、彼女は裕福な男性と結婚しました。そして、かねてより欲しいと思っていた「指輪や宝石」を、本当に手に入れることができるようになりました。

この男性が「神の選択」だったのかどうか、わたしにはわかりません。
しかし、彼女が裕福な生活をイメージし続けたことによって、それが彼女の人生に実現しなければならなくなったことは事実です。

苦しみが一瞬で消え去るとき

潜在意識にあるすべての恐れを消し去るまで、あなたに平和や幸せが訪れることはありません。
恐れとは誤った方向に向けられたエネルギーであり、これは信頼に置き換えられなければなりません。

イエス・キリストは言いました。

「なぜ怖がるのか、信仰心の薄い者たちよ」

――マルコ：8‐26

「信ずるならば、どのようなことでも可能になるのだ」

――マルコ：9 - 23

わたしが生徒たちからよく受けるのは、「どうすれば、恐れから自由になれますか？」という質問です。

わたしは、「あなたが怖がっているものと向き合うことによってです」と答えます。そして、次のように言葉を重ねます。

「あなたが怖がるから、ライオンは獰猛《どうもう》になるのです」

「自分からライオンと向き合おうとするならば、ライオンは消えてしまいます。でも逃げ出せば、ライオンはあなたを追いかけてきます」

怖がらずにお金を使ったことによって、貧乏というライオンが消え去った例を前にお話ししました。これは、神こそがあなたの尽きることのない宝の泉であることを意味します。

わたしの生徒の多くが、貧乏という恐怖から自由になっています。怖がらずにお金を使うことによって、彼らには、有り余るほどの豊かさが与えられています。彼らの潜在意識に、「神は与える者であり、また、神は恵みである」という真理が刻み込まれているからです。生徒たちと与える者、つまり神とは一体ですから、神の恵みも彼らのものなのです。

「わたしは、与える者、神に神の恵みを感謝します」

という言葉は素晴らしいアファメーションです。

別れや貧乏はしかたのないことだというのは思い込みに過ぎません。こうした誤った考えによって、あなたはよいものや豊かさから、自分を遠ざけてきました。

この誤った考えを潜在意識から取り除くには、時としてダイナマイトが爆発するぐらいの（勝敗の分かれ目となるような）大変な出来事が必要となるかもしれません。

前に述べたように、あなたは恐怖心のなさを示すことによって、恐怖心から自由になれます。

絶えず自分の心を見つめ、あなたの行動が恐れからきているのか、それとも信頼からきているのかを見定めなければなりません。

「あなたがたは誰に仕えるのかを自分で選びなさい。恐れか信頼か」

――ヨシュア記：24 - 15

あなたにもし誰か苦手な人がいるなら、その人を避けるべきではありません。むしろ、自分から進んで楽しげにその人に会って下さい。

そうすればその人は、あなたの「善の鎖の環」の一つとなってくれるか、あなたの前から静かに消えていくでしょう。

悪には全く力がないことに気づいたとき、あなたは一瞬ですべての苦しみから解放されるでしょう。

物質の世界は消え去り、四次元の世界、すなわち「驚きに満ちた世界」が突然その姿を現すのです。

「わたしは、新しい天国と新しい大地を見た——そこにはもはや、死もなく、悲しみも、叫びも、痛みもない」

——ヨハネの黙示録：21-1

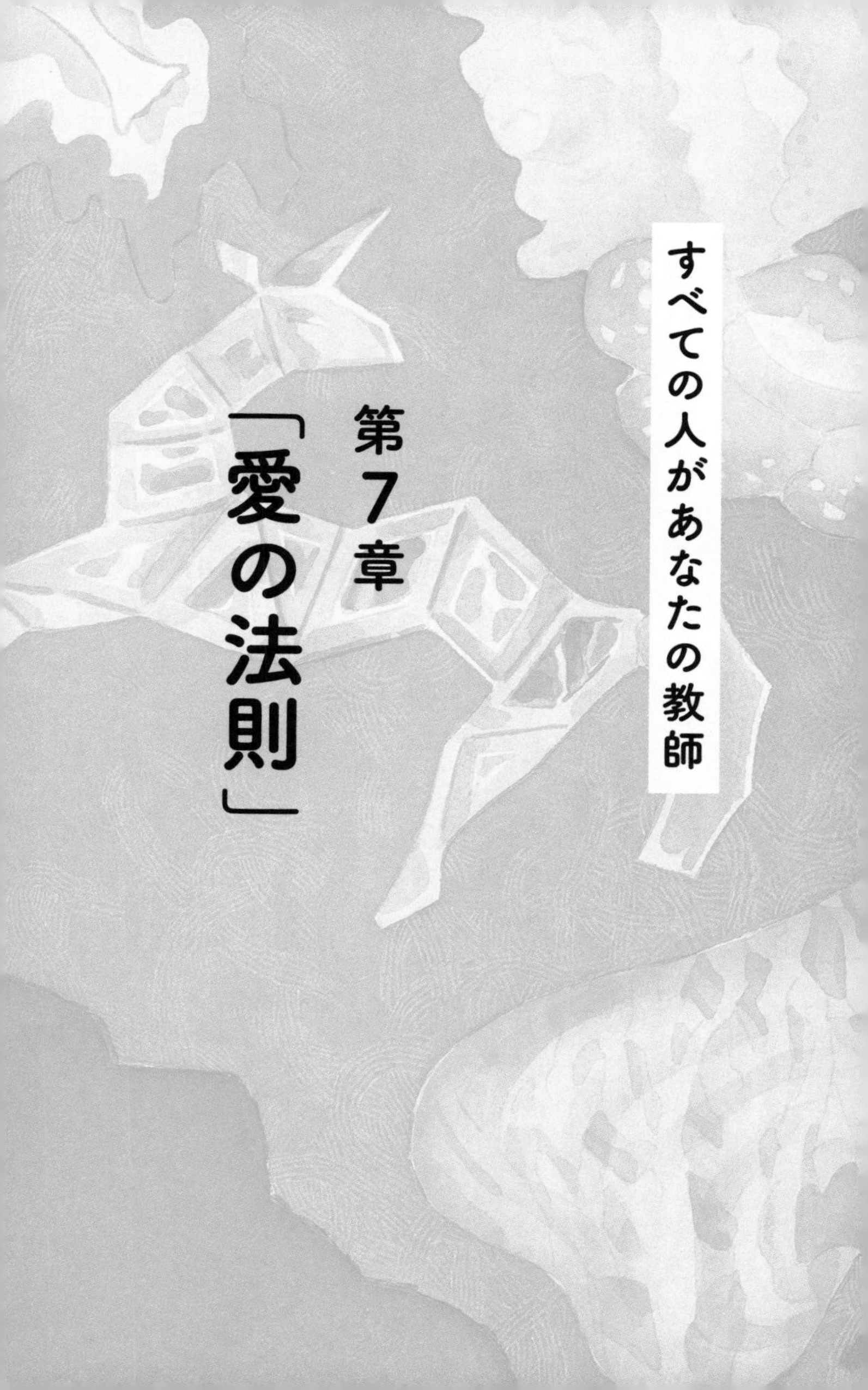

すべての人があなたの教師

第７章
「愛の法則」

最強の敵は「嫉妬心」

今、この地球に暮らすすべての人々が、愛について学びを深めています。

イエス・キリストは言いました。

「互いに愛し合いなさい」

ウスペンスキー（注＝ロシア生まれ、イギリスで活動した著述家、思想家。1878〜1947年）は、その著書『ターシャム・オルガヌム』（四次元の世界）の中で、次のように述べました。「〝愛は宇宙現象〟であり、あなたの前に四次元の世界、〝驚きに満ちた世界〟を開いてくれます」。

真実の愛は無償で恐れを持ちません。ですからあなたも、自分の愛する人に、何の見返りを求めることもなく、ただ愛を注いで下さい。与えることが、あなたにとっての喜びとなるのです。

愛は神の化身であり、この宇宙で最も強力な磁力です。あなたが望まなくても、あなたが与える純粋で無償の愛は、いずれあなたの元に引き寄せられることになるでしょう。

ところがほとんどの人は、この真実の愛の法則について理解していません。人は誰かを愛すると、わがままになったり、独占欲が湧いたり、相手を信じられなくなったりします。それによって、その愛を失うことさえあります。

とくに、最大の敵となるのが「嫉妬心」です。愛する人が他の誰かに心変わりしてしまうのではないかと恐れ、その想像力はどんどん悪い方向に膨らんでしまいます。こうした思い込みは消し去らないと、いずれ本当に引き寄せてしまうことになります。

ある時、ひどく落ち込んだ女性がわたしの元にやって来ました。恋人が彼女を捨てて、他の女性のところに走ったと言います。

去り際に、その彼からは「はじめから、君と結婚するつもりなんてなかった」とまで言われたそうです。

彼女は嫉妬と恨みの心に取りつかれていました。「わたしをこんなにも苦しめたのだから、彼も同じように苦しめばいい」と言い、「こんなにも彼を愛しているわたしを捨てるなんて、よくそんな酷いことができるものだわ！」と恨み言を言います。


わたしは、次のように言いました。

「あなたはその男性を愛していませんね。むしろ憎んでいます。あなたが与えていないのに、受け取ることはないのですよ。

それよりも、彼に完璧な愛をお与えなさい。そうすれば、あなたも完璧な愛を受け取ることができます。彼に対して何も求めることなく、ただあなたが完璧であるように努めるのです。彼を責めてはいけません。彼がどこにいても幸せであるよう、祈ってあげて下さい」

彼女は、「そんなの無理です！　どこにいるかもわからない男の幸せを祈ることなんてできません！」と聞く耳を持ちません。

「そうですか。でもそれは本物の愛ではありませんよ。

あなたが本物の愛を送るなら、彼、またはあなたにふさわしい別の男性から本物の愛が戻ってきます。もし彼が神の選択でないなら、あなたは、いずれ彼に戻ってきてほしいとは思わなくなるでしょう。

あなたは神と一つなのですから、神の御心《みこころ》があなたに授ける愛を信じなさい」

数カ月がたちましたが、状況にほとんど変化は見られませんでした。それでも彼女は、努めて冷静に心穏やかでいられるよう努力していました。

わたしは、「あなたの心が、彼に対する怒りや恨みで乱されなくなったとき、この状況は解決しますよ。なぜならこの状況は、あなたが自分の心によって引き寄せているものだからです」と彼女に言いました。

そして、インドの兄弟の愛についての話をしました。

インドでは朝の挨拶《あいさつ》を交わすとき、「おはようございます」とは言わずに、こう言います。

「あなたの中の神様に敬意を表します」

彼らはあらゆる人の中にある神様を敬い、ジャングルに住む動物たちの中にある神様をも敬います。ですから、動物たちは、決して彼らを傷つけないそうです。

彼らは生きとし生けるものすべての中に神を見るからです。

わたしは、「あなたも、彼の中にある神を敬って下さい」と言い、次のアファメーションを唱えるようアドバイスしました。

「わたしはあなたの中にある神しか見ません。神があなたを見るように、わたしも神の似姿につくられた完璧なあなたを見ます」

すると、彼女は自分の中にどんどん穏やかさが満ちてきて、恨みが少しずつ薄らいでいくことに気がついたそうです。彼はキャプテン（船長）だったので、彼女は彼を「キャップ」の愛称で呼んでいました。

ある日、わたしの前で彼女が突然、「キャップがどこで何をしていようと、彼が幸せであるように祈ります」と言ったのです。

わたしは思わず、「そう！　それこそ本物の愛なのですよ。あなた自身が『完全な円』になったとき、どんな状況にも心をかき乱されなくなります。あなたは彼の愛を取り戻すか、またはあなたにふさわしい別の男性から愛を受け取るでしょう」と伝えました。

この頃、わたしはちょうど引っ越しをしていたので、電話が使えませんでした。それで、数週間の間、彼女とは連絡が取れなかったのですが、ある朝、彼女から手紙が届きました。それには「わたしたち、結婚しました」と書いてありました。

わたしは急いで彼女にコンタクトを取り、開口一番、「何があったのですか？」と聞きました。

「奇跡が起きたんです！　ある日、目が覚めたら、わたしの苦しみがすべて消え去っていました。そして、その日の夕方、今の主人と出会ったのです。わたしたちはすぐに恋に落ち、その日のうちに彼からプロポーズされました。そして1週間後、わたしたちは結婚していました。こんなにもわたしのことを大切にしてくれる男性に、わたしは今まで出会ったことがありません！」

古いことわざにあります。

「いかなる人もあなたの敵ではなく、友人でもありません。すべての人はあなたの教師なのです」

ですから、どんなにつらい学びになろうとも、あなたは感情的にならずに、あなたの周りの教師があなたに教えてくれるメッセージを、受け取らなければなりません。それらの学びを終えたとき、あなたの心は自由を得ることができるのです。

キャップは彼女にとって、運命の相手ではありませんでしたが、誰もがいつかは学ばなければならない「無償の愛」の大切さを教えてくれた教師だったのです。

感謝を忘れた心は苦しみを呼び寄せる

人が成長するためには、必ず苦しみが必要というわけではありません。苦しみは、宇宙の法則に反したとき、その結果として現れるものだからです。

とはいえ、苦しむことなしに「魂の眠り」から目覚められる人は、ほんのわずかでしょう。幸せなとき、人は自己中心的になりがちで、感謝することを忘れてしまいます。そうすると、カルマの法則が働いて、何か大事なものを失って苦しむことになるのです。

わたしの知り合いの女性は、とても素敵な男性と結婚していました。でも彼女は、折に触れてこう言いました。

「わたしにとって、結婚なんてどうでもいいの。夫に不満はないけれど、ただ、結婚生活に興味が持てないの」

彼女には他にやりたいことがあったので、夫のことを考える余裕はほとんどなく、夫のことを思い出すのは、彼が目の前にいるときだけ、という生活が続きました。

ある日、夫が彼女に、「他に愛する女性ができた」と告げ、家を出て行ってしまいました。彼女は怒りと恨みに苛まれながら、わたしのところにやって来ました。

そこでわたしは、「これは、いつもあなたが言っていたことでしょう。あなたは結婚なんてどうでもいいと言っていましたね。だからあなたの潜在意識が、あなたのために、今の状況をつくり出したのですよ」と諭しました。

そうすると、彼女はハッと気がついたように呟きました。

「言われてみれば、その通りです。人って、自分が望んだものを手に入れながら、深く傷つくものなのですね」

間もなく、彼女はその状況を完全に受け入れることができました。そして二人ともお互いに離れているほうがずっと幸せでいられることに気づいたそうです。

妻が夫に無関心になったり、あら探しを始めたりして、夫との生活に興味を失うと、夫は付き合い始めた頃の楽しさがなつかしくなり、寂しさを覚えて、イライラしたり、悲しい気持ちになったりします。

ある男性がわたしを訪ねてきました。彼はすっかり落ち込んで、しょげかえっていました。そして、お金もありませんでした。

なんでも、彼の妻が「数字学」という占いに凝っていて、彼の数字を占ったそうです。その結果があまり好ましくなかったようで、「あなたの数字は2だから、まあ、成功とは無縁ね」と、妻に言われたというのです。

わたしは、「あなたの数字が何であっても気にすることはありません。神はあなたのために完璧な計画をご用意して下さっています。ですから、神の御心によって、あなたのために計画されている成功と豊かさを、今から祈りましょう」と答えました。

数週間もたたないうちに、彼は願ってもない仕事を見つけました。それから、1年か2年後には、作家として目覚ましい成功を収めていました。

お金が増えていく「お金の使い方」

自分の仕事が好きになれない人は、決して成功することはありません。芸術家は情熱を込めて絵を描くから、傑作を生み出すことができるのです。

ですから、お金のために描かれた魂のない作品から、傑作が生まれることはありません。それどころか、何かしら厄介なことがついて回るようになります。

同様に、お金を大切にしない人のところに、お金はやって来ません。「お金はわたしにとって何の価値もありません。わたしはお金持ちの人たちを軽蔑しています」と言って、貧乏から抜け出せずにいる人はたくさんいます。

芸術家の多くが貧しいのは、まさしくこのことが原因です。彼らがお金を軽蔑するから、お金が彼らのところに寄り付かないのです。

ある芸術家が、仲間の芸術家のことを次のように話しているのを聞いたことがあります。

「彼は芸術家としては駄目ですね。なにしろ銀行にお金を貯め込んでますから」

言うまでもなく、こうした考え方はその人を豊かさから遠ざけてしまっています。あなたが何かを呼び寄せたいなら、あなたはその何かと仲良くしなければなりません。

お金は神の具体的な思《おぼ》し召しの一つです。人間が貧乏や制限から自由であるようにと与えられたものです。しかし、絶えず循環させなければならないし、気持ちよく使わなければなりません。貯め込んだり、出し渋ったりしていると、手痛いしっぺ返しが返ってきます。

しかし、だからといって、わたしはあなたが自分の家や宝くじを買ったり、株や債券を持つべきではない、と言っているのではありません。

イエス・キリストは言いました。

「正しい者の倉はいっぱいに満たされるであろう」

これは、お金がどうしても必要なときには、元金でさえ切り崩さなくてはいけない。恐れずに、快くそれを手放すことによって、もっと多くのお金が入ってくる道が開ける、という教えです。神（宇宙）は尽きることのない、無尽蔵の宝庫だからです。

これがお金に対する、宇宙の法則です。「神（宇宙）の銀行」は決してあなたを裏切ることはありません！

お金に取りつかれ、貯め込んだ人がどうなるか、『グリード（貪欲）』という映画が教えてくれます。

主人公の女性は宝くじで5000ドルを手に入れますが、彼女はお金をしまい込んで出し渋り、夫にろくな食事も与えず、ついには餓死させてしまいます。そして、最後には生活のために、床掃除をする羽目になります。

彼女はお金を愛するがゆえに、お金を使うということができませんでした。そして、ある夜、強盗に殺され、あっけなくお金は奪われてしまうのです。

この映画は「金銭欲は諸悪の根源」という教えをよく表しています。

お金は本来、人の役に立つものですが、それを悪い目的のために使ったり、貯め込んだり、出し渋ったりするとき、そして、お金が愛よりも大事だと思い込んだとき、病気や災害がやって来て、お金そのものも失うことになるのです。

あなたが愛の道を歩むなら、すべてのものはそれに付き従って増えていきます。神は愛であり、尽きることのない豊かさの源だからです。

しかし、自分勝手で強欲な道を歩むならば、豊かさは消え去ります、あるいは、あなた自身が豊かさから切り離されてしまいます。

私の知人の、大金持ちの女性の例を話しましょう。

彼女は自分の収入を全部貯め込んでいました。誰かに何かを贈ることなど滅多になく、寄付をすることもほとんどなく、ただひたすら、自分のためだけに色々なものを買い込んでいました。

彼女はネックレスが大好きで、あるとき、友人が幾つネックレスを持っているのかと聞いたら、「67個よ」と答えたそうです。彼女はネックレスを買う度にそれを丁寧《ていねい》にティッシュペーパーで包み、しまい込んでいました。

もし、こうやって買い込んだものでも、彼女が実際に使っていれば、何も問題はなかったのですが、彼女は「使用の法則」を犯していました。

彼女のクローゼットは、彼女が一度も着たことのない服や、一度も身につけたことのない宝石で溢れかえっていたのです。

やがて、彼女の両腕に麻痺《まひ》が始まり、ついに動かなくなりました。おそらく、「使用の法則」に背き、あまりに物に囚われ過ぎてしまったからではないかと思います。

最終的に、彼女は身の回りのことを自分でできないと判断され、裁判所の命令で、彼女の財産はすべて他の人によって管理されることになりました。

「使用の法則」を守らないと、その人自身の破滅を招いてしまうのです。

仕事でも一番重要な「愛と善意」

あらゆる病気やすべての不幸は、「愛の法則」に反したことの結果としてもたらされたものだと考えられます。あなたが投げた、憎しみ、恨み、そして批判のブーメランは、病気や悲しみなどの重荷を背負って、あなたのところに戻ってきます。

あなたは心から愛する人を失い、その絶望から、もう二度と人を愛することはできないと打ちひしがれているかもしれません。そんなとき、愛という魔法は、もはや完全に消えてなくなってしまったように見えるかもしれませんが、「宇宙の法則」を知るあなたなら、この愛は必ずや蘇《よみがえ》ることにも気づいているはずです。

愛なくしては、人生は「小さなベルの短く高く鳴り響く音のよう」（注＝創造力を持たない、ひどくつまらないもののたとえ）になってしまうからです。

自分が抱える強い怒りの感情を消したくて、毎月わたしのクラスに通ってくる生徒がいました。そのうちに、彼女は自分が怒りを感じている相手は一人の上司であること、そして、この上司がいつも彼女を振り回していることに気がつきました。

そして彼女は少しずつ落ち着きを取り戻し、調和のとれた女性になっていきました。そしてある日、すべての恨みが消え去ったのです。

ある日、彼女が晴れやかな顔で、こう報告してくれました。

「この幸せな気持ちは、もう言葉では言い表せないほどです！

いつものように、上司があることをわたしに命じたのですが、以前と違って今回はとてもやさしい気持ちで、言われた通りのことができたのです。そうしたら、なんと上司も今までわたしに失礼だったと謝ってくれたのです。それ以来、上司は本当に気持ちよくわたしに接してくれるようになりました。わたしの心が感じている、このすがすがしい軽やかさといったら！」

仕事をする上で、愛と善意はとても重要です。


もう一人の女性は、わたしのところにやって来て、彼女の雇い主への不満を訴えました。雇い主の女性は冷たくて、批判的で、自分をしかたなく雇ったけれど、どうしてこんな者を雇ってしまったのだろうと、後悔していることがよくわかる、と言います。


「そうですか。それでは、その女性の中にある神を敬い、愛を贈って下さい」と、わたしは答えました。

「そんなこと、無理です。彼女は冷たい大理石のような女性なんですから」と、彼女は言い返します。

そこでわたしは、「大理石のかけらを欲しがった偉大な彫刻家、ミケランジェロの話を覚えていますか？　どうしてそんなものが欲しいのかと聞かれたとき、

『大理石の中には天使がいるからです』と彼は答えました。そして、そのかけらから素晴らしい芸術作品を生み出したのですよ」と、諭しました。

彼女は、「わかりました。それではやってみます」と言いながら帰っていきました。

1週間後に彼女がやって来て、「あなたに言われた通りのことをしました。そしたら、彼女がとても親切になって、今では、彼女の車でわたしをドライブに誘ってくれるまでになったんです」と嬉しそうに話してくれました。

「後悔の念」はあなたの細胞をも破壊する

人は、自分が何年も前に、誰かを傷つけてしまったことを思い出して、後悔の気持ちでいっぱいになることがあります。

もし、今となっては、その過去の過ちを償えないなら、今、別の誰かによいことをすることによって、その罪を帳消しにすることができます。

「過去に囚われないで、目の前にあることに手を差し伸べなさい」

――フィリピの信徒への手紙：3-13

悲しみや後悔、そして良心の呵責《かしゃく》は、あなたの体内細胞を破壊し、あなたの周囲の環境にまで悪い影響を及ぼします。

ある女性がとても悲しそうな顔をして、「どうかわたしを、幸せで喜びに満ちた気分にして下さい。悲しみを抱えきれず、つい家族につらくあたってしまうのです。このままだと、わたしはカルマをつくり続けてしまいます」と訴えます。

この女性は、娘さんを亡くしたばかりで、深い悲しみの淵《ふち》に沈んでいました。

そこでわたしは、「神のお考えに、死というものはない」ことを伝え、次のアファメーションを唱えました。

「神とは、あなたの喜びであり、愛であり、そして平和のことです」

女性はすぐに心の平安を取り戻したようでした。

しかし、その後、息子さんを通して、これ以上はカウンセリングを受けないことにした、と伝えてきました。喪に服している身なのに、わたしのアファメーションによって、とても幸せになった自分を見て、これでは、世間体が悪いと感じたから、というのがその理由でした。

このように、ひとたび世俗にまみれてしまうと、悲しみや後悔から逃れられず、むしろ好き好んでしがみついているような人も数多くいるのです。

また他にも、自分の苦労話を得意げに延々と話している女性がいました。彼女はそんな〝かわいそう〟な自分が好きだったのです。

ですから、自分の自慢話のネタになる苦労に事欠かなかったのは、言うまでもありません。

ひと昔前は、自分の子どもの心配をしない母親は、よい母親ではない、と言われました。しかし今日では、子どもたちの病気や事故の多くは、母親の行き過ぎた心配によって引き起こされていることが知られています。

母親がいつもわが子の病気や、その他の悪い状況を心配してばかりいると、そのイメージが母親の潜在意識にくっきりと刻み込まれ、本当にこうした病気や恐れていることが、子どもの身に出現してしまいます。

自分の子どものことは神の手に託しているので、子どもは神によって守られている、と心から言える母親は幸せです。そうすれば、母親の力強いオーラにより、子どもは守られることでしょう。

愛する人の恐れを締め出す「守り人」となりなさい

ある女性は、弟に危険が迫っていることを感じて、夜中に突然目を覚ましました。

しかし、彼女は自分の恐れに屈することなく、真理のアファメーションを唱えました。

「神の世界では、人は完璧な存在であって、常にその人はいるべき場所にいます。ですから、わたしの弟も彼がいるべきところにいて、神に守られています」

翌日、彼女は弟が炭坑での爆発事故にほとんど巻き込まれそうになっていたこと、でも、奇跡的にそれを逃れたことを知らされました。

あなたは、あなたの兄妹の守り人でもあるのです。そして、あなたが愛する人は「いと高き者の下にある隠れ家に住み、全能者の影に宿っている（守られている）」ことを知らなければなりません。

「わざわいは、あなたにふりかからず、悪魔もあなたの天幕に近づかない。まことに主は、あなたのために、御使いたちに命じて、すべての道であなたを守るようにされる」

——詩篇：91 - 10～11

「完全な愛は恐れを閉め出す。なぜなら、恐れは罰を伴い、恐れる者には愛は全うされていない」

——ヨハネ：4 - 18

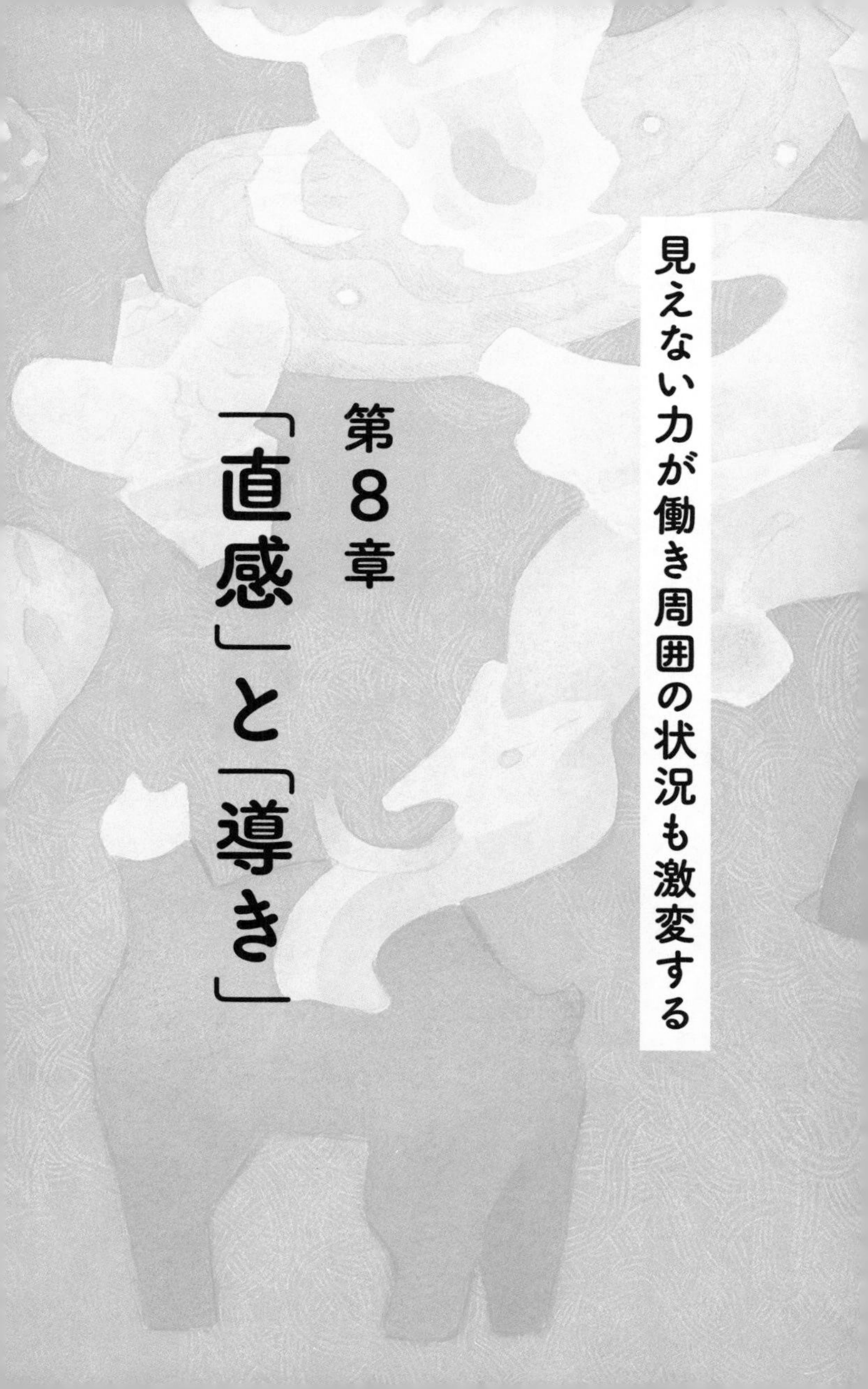

見えない力が働き周囲の状況も激変する

第8章 「直感」と「導き」

明確な導きをお願いしなさい

「すべての道で主を認めよ、そうすれば、主はあなたを導いて下さる」

――箴言：3-6

自分の言葉の力を知り、自分の直感に従うとき、あなたにとって達成できないことなどなくなるでしょう。あなたが発する言葉によって、見えない力が働き始め、自分の体を改造したり、周囲の状況を変えることさえできるようになります。

ですから、アファメーションを唱えるときは、いかに正しい言葉を選ぶかが、最も重要となります。

神があなたにすべてを与えて下さること、そしてあなたが発する言葉によって、それを与えて下さることを、あなたは心から信じなければなりません。

「求めよ、されば与えられん」

――ヨハネ：16-24

でも、あなたから先に行動を起こさなければなりません。

「神（宇宙の法則で成り立つ世界）に近づきなさい。そうすれば、神も近づいて下さいます」

――ヤコブの手紙：4-8

これまでわたしが受けた質問の中で最も多かったのは、「願いを叶えるための具体的な方法」についてです。

そんなとき、わたしはいつも次のように答えてきました。

「次のアファメーションを唱えなさい。『神よ、わたしに道をお示し下さい、そして、わたしにできることがあるなら、それをお知らせ下さい』、こう言うのです。そしてその後は、はっきりとしたヒントが与えられるまで、何もしないで待っていて下さい」

ヒントは直感（あるいは閃き）でわかります。それは、誰かがふと漏らした言葉や本の中の言葉など、さまざまな方法で届けられます。

そのヒントが余りにもわかりやすいため、びっくりすることがあるくらいです。

ある女性の例です。

この女性は多額のお金を必要としていました。そこで、次のアファメーションを唱えました。

「神よ、このお金がすぐに実現するための道を開いて下さい。神によってわたしに与えられるすべてのものが、豊かさのなだれのように、今すぐわたしの手元に届くようお計らい下さい」

さらに次の言葉を加えました。「確かなヒントをわたしにお与え下さい。そしてわたしがするべきことがあるなら、それを教えて下さい」。

すぐに、あるメッセージが伝わってきました。それは、「(今まで精神的にあなたを支えてくれた)友人に、100ドルを与えなさい」というものでした。

彼女が別の友人にこのことを相談すると、その友人は、「待って！　そのお金を渡す前に、もう一つのヒントを待ってみたら?」と言います。

そこで彼女は待つことにしました。そして、ある一人の女性に会いました。その女性が、「わたしは今日、ある人に1ドルをあげました。それはわたしがあげられる精いっぱいのお金でした。おそらくあなたが誰かに100ドルあげることと同じだと思いますよ」と彼女に語ったのです。

これこそ紛れもない、確かなヒントだと彼女は思いました。そこで、彼女は、100ドルをあげるということについて、自分の直感が正しかったことを確信したのです。

この100ドルは、のちに素晴らしい投資だったことがわかりました。その後すぐに、驚くような状況を通して、大金が届いたからです。

お金は感謝して使うと増えていく

他の人に与えることが、あなた自身が受け取るための道を開くことになります。あなたが経済状態を好転させたいなら、まず、与えなければなりません。

昔のユダヤには、収入の10分の1を税金で納めたり、誰かに与えるという習わしがありました。そうすることによって、自分の収入が増えると信じられていました。

今でもアメリカの富裕層の多くは、こうした考えの下、税金を納めたり、寄付をしたりしています。わたしの知る限り、こうした納税や寄付がよい投資になるというのは本当のことで、この投資が失敗だったという不満を聞いたことはありません。

10分の1のお金は、いろいろな目的に使われ、祝福されて、何倍にもなって戻ってきます。ですから、あなたもこうした税金や寄付金は喜んで払って下さい。

そして、お金を使うときは、怖がらずに、感謝して使って下さい。

こうした気持ちでお金を使えば、あなたはお金の主人になることができます。お金はあなたの従者となり、あなたの唱えるアファメーションによって、莫大な財宝がしまわれている、神の金庫の扉が開かれるでしょう。

人は自分のヴィジョンを制限してしまうことによって、自分が受け取るものを制限してしまいがちです。わたしの生徒にも、願望が叶うヴィジョンを見ながら、怖じ気づいてしまい、行動に移せない人がいます。

あなたは願望が叶うことをイメージするとともに、前述（第5章）の毛皮の裏地がついたコートを買った男性のように、それを行動で示さなければなりません。

進むべき道は予期しないときに現れる

ある女性が、いい仕事が見つかるように、アファメーションを唱えてほしいと頼みに来ました。そこで、わたしは次の言葉を唱えました。

「神よ。彼女にふさわしい仕事への道を開いて下さい」

さらに、単に「仕事」だけを願うのではなく、自分にふさわしい仕事、すでに宇宙に用意されている彼女のための仕事をお願いするように伝えました。それこそが、宇宙の采配《さいはい》に則り、自らも満足感を得られる仕事になるはずだからです。

それからわたしは、彼女にふさわしい仕事がすでに彼女に与えられていること、そしてそれがすぐ彼女の目の前に現れることに感謝を捧げました。

その後すぐ、彼女の元に、仕事の誘いが3件あったそうです。その内の2件はニューヨーク、そしてあとの1件はパーム・ビーチでしたが、彼女はどれを選んだらいいのか迷っていました。そこでわたしは、「これだ！　と思えるようなヒントをお願いしなさい」とアドバイスしました。

もう返事をしなければならないギリギリになっても、彼女はまだ決めかねていました。ある日、彼女から電話があって、「今朝、目が覚めたら、パーム・ビーチの香りがしたんです」と言います。彼女はパーム・ビーチに行ったことがあるので、その爽《さわ》やかな香りを覚えていました。

わたしは「ええ、そこからパーム・ビーチの香りがするのなら、間違いなく、そこがあなたの行く場所だわ」と答えました。

彼女はこの仕事を選びました。そして、大成功を収めました。

このように、ヒントは時として思いがけない瞬間に届くことがあるのです。

ある日、通りを歩いていたわたしは突然、1ブロックか2ブロック先のベーカリーに行きたいという強い衝動にかられました。

わたしの理性はこれに反して、「あそこに行ったって、あなたの欲しいものはなんにもないでしょう？」と言い張りましたが、わたしの頭は物事を理屈で考えることをとっくにやめていました。

そこで直感に従って、ベーカリーに行きました。店に並べてあるものを見渡しても、確かに、わたしが欲しいものは何もありませんでしたが、店から出た時に、一人の女性とばったり出くわしました。

実は、その頃、わたしは彼女のことが気になっていたのです。そして、彼女もまた、わたしの助けをとても必要としていたことがわかりました。

あるものを探しに行った場所で、違うものを見つけてくることは、誰しもよくあることだと思います。

直感は精神的な働きです。理屈ではありません。ただ、単純に進むべき道を示してくれるのです。

非難・悪口は自分に返ってくる

イエス・キリストは言いました。

「人を裁いてはなりません。そうすれば、あなたがたも罪に咎《とが》められることはないでしょう」

――ルカ：6-37

多くの人が、人を責めた結果として、病気や不幸を引き寄せています。あなたが「何か」の理由によって、誰かを責めるなら、あなたはこの「何か」を自らにも引き寄せてしまうのです。

友人が、怒りと悔しさにまみれて、わたしのところにやって来ました。彼女の夫が彼女を捨てて他の女性の元に走ったと言います。

彼女はその女性を激しく責め、裁いていました。そして、「あの女は彼が結婚していることを知っていたのだから、絶対に彼の誘いになんて乗ってはいけなかったのよ！」となじりました。

わたしは、「女性を責めるのはおやめなさい。そしてこの状況に別れを告げなさい。そうしないと、あなた自身があげなさい。そしてこの状況に別れを告げなさい。そうしないと、あなた自身が

これと同じ状況を引き寄せることになりますよ」とアドバイスしました。

しかし、彼女はわたしの言葉に耳を傾けようとしませんでした。それから1年か2年が過ぎ、彼女自身が結婚している男性に強く惹かれるようになっていたのです。

ポジティブな言葉が「悪い予感」を取り消す

人は、誰かを裁いたり、責めたりする度に、「電線の切れ端」を拾い上げているようなものです。それでは、いつか感電することになります。

優柔不断で迷っていると、それが、「つまずきの石」になります。

これを乗り越えるには、次のアファメーションを繰り返し唱えて下さい。

「わたしは、常に神からの啓示（宇宙からのサイン）を受け取っています。ですから、わたしは素早く正しい決断ができます」

この言葉が潜在意識に刻み込まれると、意識がはっきりとしてきて、迷うことなく、正しい行動を取れるようになります。

心霊の次元にガイダンスを求めるのは、危険です。この世界にはさまざまな意識が存在するからです。

人間の意識はもともと受け身にできているため、破壊的な力にさらされた場合、かんたんにその餌食《えじき》になりかねません。心霊界は、人間の世俗的な想いで成り立っている世界であり、矛盾したものの集合です。

そのため、よいメッセージを受け取ることもありますが、否定的なメッセージを受け取ることもあるのです。

数秘術や占星術は、因果の世界だけを対象にしているので、人を現世的な幽界（または相対界、二元対立の世界）の次元にとどめます。

わたしは、占星術によれば何年も前に死ぬはずだった男性を知っています。しかし、彼は生きているばかりか、この国最大の人権運動のリーダーになりました。

望まない予言を取り消すためには、強い精神力が求められます。そこで、次のアファメーションを力強く唱えて下さい。

「偽の予言はすべて消え去ります。高次元の本当の自分がわたしのために計画されなかったことのすべては、取り消され、消滅します。そして、今、わたしに神の考え（高次元の自分が自分のために用意した宇宙の計画）が示されます」

「意志」の正しい使い方

一方で、もしあなたが、幸せやお金がやって来るというような、何らかのよい予感を感じているなら、それを心に抱きながら、楽しみに待っていて下さい。
そうすれば「期待の法則」によって、やがて、よいことがあなたの前に現れるはずです。
あなたの意志は、宇宙の意志を支える為に、使われなくてはなりません。

「わたしは、神の御心が実現することを心から願います」

神の御心とは、すべての人々に、彼らが当然手にしなければならない願いを叶えることです。そして、人の意志はこの完璧なヴィジョンを揺るぎなく持ち続けるためにこそ使われるべきなのです。

人が世俗的価値観や役に立たないものを捨てるには、強い意志が求められます。
普通の人にとっては、信じることより、恐れることのほうがはるかに簡単だからです。強い意志を持つからこそ、信じることができるのです。

心の不調和が、歪んだ出来事を引き寄せる

霊的な神の世界に目覚めると、自分を取り巻くあらゆるアンバランスな出来事は、自分の心の不調和が招いているのだと気づきます。歩いていて何かにつまずいたり、転んだりしたら、それは、あなたの心がつまずいたり、転んだりしているのです。

ある日、わたしの生徒の一人が、心の中で、ある人を責めながら通りを歩いていました。「まったく、世界中であの女ほど嫌な人間はいないわ」とブツブツ心の中で言っていると、突然、ボーイスカウトの男の子が3人、曲がり角から勢い

よく飛び出してきて、彼女をはね飛ばしそうになりました。

しかし、彼女はその男の子たちを叱《しか》りませんでした。

そして、すぐさま「赦《ゆる》しの法則」にお願いして、その女性の中の「神様に挨拶」をし、感謝を捧げたそうです。

彼女が選んだ賢明な道はいつでも楽しさに溢れ、彼女が歩む道のすべてに平安が満ちているに違いありません。


宇宙（神）に向かって自分の望むものを要求したら、あなたはいつでもサプライズを受け取れるよう、ワクワクしながら待っていて下さい。

何もかもがうまくいかないように見えるときこそ、実際にはすべてが順調に進んでいるのです。

「宇宙の金庫」からすべてを受け取ることができる！

ある女性は何年か前に、２０００ドルを失ってしまいました。

親戚の女性に２０００ドルのお金を貸していたのですが、その女性が突然亡くなってしまったのです。

しかも、遺言では、この２０００ドルについて、ひと言も触れられておらず、借用書も取り交わしていなかったので、結局、お金を受け取ることはできませんでした。彼女は、憤り、怒っていました。

わたしはその女性に、「宇宙の法則には、何かを失うということはないのだから、神の御心に従って、あなたが所有するものが失くなることはないし、もし何かを失くしたとしたら、それは必ず戻ってくるでしょう。または、その代わりのものをあなたは受け取るはずよ」と教えました。

それで、彼女はこの損失はなかったことにして、「宇宙金庫」から２０００ドルを引き出すことに決めました。

まず、亡くなった女性を許すことから始めました。恨みや許そうとしない心は、この素晴らしい金庫のドアを閉じてしまうからです。

そして女性は、次のアファメーションを唱えました。

「わたしは何も失ってはいません。宇宙の法則に何かを失うということは存在しません。従って、宇宙の法則によってわたしのものである2000ドルが失われることはありません」

彼女は売りに出されているアパートの一室に住んでいましたが、賃貸契約には次の条項が含まれていました。「もし住宅が売却された場合、賃借人は、90日以内に退出しなければならない」。

突然、家主が賃貸契約を中途解約し、家賃を値上げしました。再び、不正な行いが彼女の前に立ちはだかったのです。でも今回、彼女の心は乱れませんでした。彼女は家主のために祈り、次のアファメーションを唱えました。

「家賃が値上がりしたということは、わたしもそれだけ金持ちになることを意味します。そして、そのお金は神が与えて下さいます」

家賃値上げのために、新しい契約書が作成されましたが、神のいたずらによるものか、間違いが起きてしまいました。「90日以内に退出」の条項が抜けていたのです。これにより、住民は、もう1年このアパートに住めることになりました。

不動産の管理会社から「退出して下さる賃借人には200ドル差し上げます」という申し出がありました。そして、何組かの家族が立ち退いて、残ったのは、この女性を含む3家族だけでした。1、2カ月がたった頃、管理会社の人が、またやって来ました。そして、この女性に向かって、「もし1500ドルお支払いしたら、中途解約して、退去してくれますか?」と聞いたそうです。彼女の脳裏にある考えが閃きました。「きっと、2000ドルになるに違いないわ」。

彼女は、以前、このアパートの友人と次のように話したことを思い出しました。「もし立ち退きを迫られるようなら、団結して、行動しましょうね」。

彼女に与えられたヒントは、この友人たちと相談しなさい、ということだったのです。友人たちに意見を求めると、「もし、1500ドル支払う用意があると言ったのなら、きっと2000ドルでも出すと思うわよ」と言います。

こうして、彼女は、アパートを諦めることによって、2000ドルの小切手を受け取りました。これは疑いもなく、「寛容の法則」の働きかけによって起きたことでした。親戚からお金を返してもらえなかったことは、単に彼女の願望が実現するための道を開くものだったのです。

この例は、もともと失うものなど何もないことを教えてくれます。

あなたが宇宙の法則に従って行動するならば、あなたに与えられるすべてのものは宇宙の金庫から取り出すことができるのです。

「イナゴの食った年月をわたしはあなたがたに償う」

イナゴとは、疑いや恐れ、怒りや後悔など、世俗的な想いです。
こうした否定的な想いは、あなたからあらゆるものを奪い去っていきます。
「あなた以外に、あなたに与える者、あなたから奪う者は誰もいない」からです。

あなたは、神の存在を証明するために、そして「真理を明らかにするため」に、ここにいます。それは、何もない状態から豊かさを、また不正の中に正義を現すことによってのみ、証明できるのです。

「これをもってわたしを試み、わたしが天の窓を開いて、溢れる恵みを、あなたがたに注ぐか否かを見なさいと、万軍の主は言われる」

——**マラキ書：3-10**

完璧な自己実現こそが宇宙の意志

第9章

「あなたの運命の秘密」

あなたのために用意された「宇宙の計画」

「いかなる風もわたしの声を打ち消すことはできず、その運命を変えることもできない」

すべての人が、完璧な自己実現の可能性を秘めています。他の誰でもなく、その人だけがいるべき場所、他の誰にもできない、その人だけができる何かがあります。これこそがその人の運命なのです!

自己実現の完成された姿、その完璧な青写真は、宇宙の采配の中にすでに組み込まれており、あなたがそれに気づくのを待っています。そして、これはあなたの想像力によって創造(現実化)されます。ですから、この青写真を現実のものとするためには、そのヴィジョンをはっきりとイメージすることが絶対に必要です。

宇宙の法則によって設計された人生こそが、あなたが望みうる最高の人生なのです。

あなたにはそれがどのようなものか、全く見当がつかないかもしれません。でも、あなたの内奥には、あなた自身もまだ気づいていない、目を見張るような才能が埋もれている可能性が大いにあるのです。

ですから、次のアファメーションを唱えて下さい。

「宇宙が設計されたわたしの人生が実現するための道を開いて下さい。わたしの中の才能を目覚めさせて下さい。宇宙の完璧な計画をはっきりと見せて下さい」

宇宙の完璧な計画には健康や富、愛、そして完璧な自己実現など、すべてが含まれます。これは欠けたるもののない人生であり、あなたに最高の幸福を運んでくれるものです。

多くの人が、いまだその人生からはるか遠くかけ離れたところをさまよい続けている中で、宇宙にこの要求をしたあなたは、自分の人生が大きく変わっていくことに驚くでしょう。

完全な自己実現とは、何も難しいことではありません。それはまるで遊びのように、あなたが我を忘れて夢中になれることです。

宇宙の法則について学んだあなたには、自己実現のために必要なものは、すべて宇宙が与えてくれるという真理がおわかりでしょう。

天才たちの多くが長い間、お金の問題で苦しんできましたが、アファメーションを唱え、宇宙は必ず自分たちに必要なものすべてを与えてくれることを信じたならば、必要なお金はすぐに与えられたはずです。

ある日のこと、授業が終わった後に、一人の男性がわたしのところに来て、1セントを差し出しました。

「わたしの全財産は7セントだけですが、その中の1セントをあなたに差し上げます。わたしはアファメーションの力を信じているからです。わたしの完璧な自己実現と成功のためにアファメーションを唱えていただけないでしょうか?」
と、男性は言いました。
そこでわたしは彼のために、アファメーションを唱えました。

それから1年たったある日、いかにも成功した様子で、嬉しそうに彼がやって来ました。コートのポケットには札束が詰まっているのが見て取れました。
そして、「あなたがあのアファメーションを唱えて下さったすぐ後に、遠くの町での仕事の話が舞い込んできました。そして、わたしは成功を手にしたんです。今では、健康と幸せと富がわたしの現実となりました」と報告してくれました。

はっきりしたガイダンスのヒントを求めなさい

あなたも、はっきりとしたヒントを求めて下さい。そうすれば、成功への道があなたの前に開かれるでしょう。

宇宙の計画を実現しようと思うとき、強引にイメージを思い浮かべたりしてはいけません。それは、閃きやふとした思いつきとしてやって来ます。あなたは、大きな成果を出している自分の姿を瞬間的に見たりするようになります。こうしたヴィジョンこそ、あなたが揺るぎなく心に持ち続けなければならない神の計画です。

あなたが探しているものもまた、あなたのことを探しています。それはちょうど、電話《ベル》がグラハム・ベル（注＝アメリカの科学者で電話の発明者。１８４７〜１９２２年）を探し求めていたように！

親は子どもたちに、決してキャリアや職業を押し付けるべきではありません。宇宙の法則を知っていれば、子どもがまだ幼いとき、または生まれる前に、神の計画が子どもの上に現れるよう、アファメーションを唱えることができます。

生まれる前の赤ちゃんの場合は、次のアファメーションがよいでしょう。

「この子の中にいる神（神聖な宇宙の法則による計画）がこの子の上にも現れますように。この子の一生を通して、そして永遠に、この子の心、体、身辺のすべてに計画が実現されますように」


あなたは、自分の才能を無駄にした「よこしまで怠け者の召使い」にならないよう気をつけなくてはなりません。

自分の才能を使わないでいると、あとで大きな報いを受けることになります。

「内なる神」が采配《さいはい》してくれる

あなたが恐れを持っていると、それが自己実現の邪魔になることがあります。

大事な場面であがってしまい、能力をじゅうぶんに発揮できなかった天才は少なくありません。しかしこれは、アファメーションやカウンセリングによって克服できます。すると、あなたの自己意識が消え去り、あなたは無限なる知性を表現するための器に過ぎないことに気づきます。

こうして、あなたが宇宙から直接インスピレーションを受けるようになると、恐れは消え去り、自信が湧いてきます。すべてのことは、自分の意志で行っているのではなく、「内なる神」（魂レベルのほんとうの自分、宇宙）の采配によるものだと思えるようになるからです。

母親と一緒に、時々、わたしのクラスにやって来る少年がいました。あるとき、学校での試験のためにアファメーションを唱えて下さいと少年に頼まれました。わたしは少年に次のアファメーションを唱えるように教えました。

「わたしは無限の知性と一つです。ですから、この学科について知るべきことをすべて知っています」

彼は歴史については、豊富な知識を持っていましたが、算数が苦手のようでした。ある日、クラスが終わった後に、彼と会ったとき、彼が次のように話してくれました。

「実は僕、算数の試験でよい点を取るためのアファメーションをしたら、高得点を取ることができたんです。でも歴史は得意科目なので、アファメーションなしで大丈夫だと思っていたら、低い点数しか取れなかったんです」

人は自信過剰になったとき、挫折《ざせつ》感を味わうことになります。これは、その人が「内なる神（宇宙の采配）」ではなく、自分だけの能力で成功していると過信するからです。

他の生徒もまた同じような体験をしています。

ある年の夏、その女性は長期の海外旅行をしました。さまざまな国を旅する途中で、その国の言葉がわからなくて、困ることが何度もありました。それで、彼女はあらゆる瞬間に神のガイダンスと守りがあるようにと、アファメーションを唱えました。そして、すべてが驚くほど順調に運びました。

空港のカウンターで預けた荷物も決して遅れることはなく、なくなることもありませんでした。どこに行っても、必ず、最高のホテルが用意されていました。そして、行く先々で完璧なサービスが受けられたそうです。

こうして、彼女はニューヨークに戻ってきました。ここでは言葉がわかるのだから、宇宙の采配はもう必要ないと思いながら、日常の生活に戻りました。

ところが、何をしてもうまくいかず、混乱のまっただ中、旅先から送った荷物にまで遅れが生じてしまいました。ですから、あなたはあらゆる瞬間を「宇宙の采配（神のご加護）の下に行動する」ことを習慣づける必要があります。

「常に主を認めよ。そうすれば、主はあなたの道をまっすぐにされる」

――箴言：3-6

物事に大小はなく、小さいから大丈夫とか、大きいから守りが必要ということはないのです。

時として、たいした意味もないようなことが、人生の大きなターニングポイントとなる場合があります。ジェームズ・ワットは、沸騰しているやかんから上がる蒸気を見て、蒸気機関のアイデアを思いついたのですから！

平静でいることがパワーを呼び込む

わたしのクラスの生徒には、目の前に現れている状況に抵抗したり、自分のやり方にこだわったりするあまり、失敗してしまう人たちがいます。そういう人は、自分の信念の実現方法を一つだけに限定してしまい、そのやり方以外は認めないような指示を出して、物事の進みを足踏み状態にしているのです。

「あなたのやり方ではなく、神（宇宙）のやり方で！」。これが、うまくいくやり方です。

蒸気や電力などと同じで、ある目的が達成されるためには、無抵抗のエンジンや何らかの機械が必要となります。そして、あなたはこうしたエンジンであり、機械なのです。

あなたはこれまで、繰り返し「平静でいなさい」と教わってきたことでしょう。

「この戦いには、あなたがたは戦うには及ばない。
ユダおよびエルサレムよ、あなたがたは進み出て立ち、
あなたがたとともにおられる主の勝利を見なさい。
恐れてはならない。おののいてはならない。
あす、彼らのところに攻めて行きなさい。
主はあなたがたとともにおられるであろう」

——歴代誌下：20・15、17

これは前に述べた、二人の女性の例にも見られます。

最初の女性は、状況に無抵抗となり、心が乱されなくなったとき、不動産会社を通して、2000ドルが彼女の元にやってきました。そして、もう一人の女性は、「あらゆる苦しみがやんだとき」、別の男性の愛を得ました。

あなたの目標は、いつも平静な心を保つことです！　心の落ち着きはパワーとなります。神のパワーがあなたを通して流れ込む絶好のチャンスをつくり出すからです。「あなたがたの内に働きかけて、その願いを起こさせ、かつ実現に至らせるのは神（宇宙の法則）だからである」。

平静でいるとき、あなたは物事をはっきりと見ることができるようになり、「素早く正しい決断をする」ことができます。ですから決して、重要なヒントを見失うこともないのです。

潜在意識から「怒り・恐れ」を追い払う

怒りはヴィジョンを曇らせ、血液を濁らせます。そして、多くの病気の原因となるばかりでなく、判断を誤らせるので、失敗の原因にもなります。

実際、怒りは人々をひどく傷つけるため、最も深い罪の一つとされてきました。怒りと恐れは大罪です。これらは信じる心とは正反対のものであり、歪《ゆが》んだ心象を通して、あなたが恐れることを実現させるからです。ですから、あなたはこれらの敵を（潜在意識から）追い払わなければなりません。

「何も恐れなくなったとき、あなたは完成します」とメーテルリンク（注＝ベルギーの詩人、劇作家。１８６２〜１９４９年）は言いました。そのとき人は「神を畏れる人」となるからです。

前章でお話ししたように、恐れとしっかりと向き合うこと以外に、恐れを克服する方法はありません。

ある女性は、友人から、もう一人の友人にメッセージを伝えるよう頼まれました。でも、彼女はメッセージを伝えることに尻込みしていました。彼女の理性が「この人たちのもめごとに巻き込まれるのはよしなさい。メッセージを伝えては駄目よ」と彼女にささやいていたからです。

彼女は悩みました。友人には伝えると約束したからです。

ついに彼女は覚悟を決めて、「ライオンに立ち向かう」ことにしました。自分を守って下さるよう神にお願いして、メッセージを伝えることになっている女性に会いに行きました。

そして託されたメッセージを言おうと口を開きかけたとき、玄関口に出た女性が、「○○さんなら、町を出たわよ」と言うのです。

それで、メッセージを伝える必要がなくなりました。メッセージはその女性がこの町に住んでいなければ必要のない内容だったからです。

彼女は恐れることなく自ら進んで決心したので、その状況が消え去ったのです。

受け取る準備をする

人は、「実現しない」という思い込みによって、実現を遅らせてしまうことがあります。このような場合は、次のアファメーションを唱えて下さい。

「完全に調和した宇宙の法則の世界にあるのは完成だけです。ですから、わたしの完璧な仕事、わたしの完璧な家、わたしの完璧な健康はすべて完成されています」

あなたが望むものが何であれ、言葉に出したことは神の意識に刻み込まれ、神の考えとして、「慈悲の下にそして完璧な方法で」必ず実現します。

神の世界ではすでに受け取っていることに感謝を捧げ、現実の世界でそれを受け取るための準備を積極的に始めて下さい。

わたしのクラスの生徒で、経済的に困窮している女性がいました。

彼女はわたしのところにやって来て、「わたしの願いは、どうして実現しないのでしょう？」と聞いてきます。

わたしは次のように答えました。

「おそらく、あなたは物事を中途半端にして放り投げる癖があるのではないかしら。それで、潜在意識にも物事を中途半端にしておく癖がついたのでしょう」

すると、彼女はハッと気がついたように言いました。

「その通りです！　わたしって、何かをやり始めても、いつも仕上げずに放り出してしまうんです。実は、何週間か前にやり始めたことがあるのですが、家に帰って、それを仕上げることにします。これで、願いが叶うような気がします」

そして、彼女は頑張ってやりかけの縫い物を仕上げました。それからすぐに、とても不思議な方法でお金が入ってきました。

彼女の夫の給料が、間違って二度支払われたのです。

夫は経理の担当者にそのことを伝えました。そうしたら、いいからとっておきなさいと言われたそうです。

あなたが宇宙の法則を信じてお願いしたとき、神（宇宙）とあなたの間には特別なルートが開かれ、あなたはそこから願ったものを受け取ることができるのです。

「もしある人が幾つもの才能を持っていたとして、その中のどの才能を選んで伸ばすべきか、どうすればわかるのでしょう？」と聞かれることがあります。

こういう場合、あなたは、神への要求をはっきりと伝えなくてはいけません。次のアファメーションを唱えて下さい。

「神（宇宙）よ、わたしに確かなヒントを与えて下さい。わたしの完璧な自己実現のヴィジョンを見せて下さい。そして、そのためにわたしは今どの才能を使えばよいのか教えて下さい」

時として、今までとは全く違う分野の仕事に就《つ》いたにもかかわらず、全く研修を受ける機会がない場合があります。このようなときは次のアファメーションを唱えて下さい。

「わたしは、わたしの人生のために、宇宙が用意した計画を遂行できるじゅうぶんな能力を備えています」

そして、恐れずにチャンスをつかんで下さい。

気持ちよく与え、気持ちよく受け取る

気持ちよく与えることはできるのに、受け取ることが苦手な人たちもいます。彼らはプライドが高いために、または何らかの否定的な理由によって、受け取ることを拒んでしまいます。

それによって、受け取るための流れを塞《ふさ》いでしまうため、いつもわずかなものしか受け取れないか、何も受け取れなくなっています。

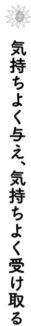

ある女性の例をお話ししましょう。

この女性はある人に大金を与えました。その後、他の人から、何千ドルかを贈りたいという申し出があったのですが、自分にはそれは必要がないからと言って、断ってしまいました。その後間もなく、彼女は経済的に「身動きが取れない」状態に追い込まれました。そして、ちょうど申し出のあったお金と同額の負債を抱え込んでいることに気づいたそうです。

たとえ、あなたが見返りを求めずに人によいことをしていたとしても、あなたに差し出されたものは、あなたは感謝を持って受け取らなければなりません。

「快く分け与えたものは、快く受け取ることになる」

与えることと受け取ることは常に完璧なバランスを保っています。たとえその人が見返りなど考えずに与えたとしても、自分に戻ってきたものを受け取らないと、それは法則に反することになります。すべての贈り物は神からのものであり、あなたはその贈り物を受け渡す〝通路〟に過ぎないからです。

あなたはまた、与えてくれる人が決して貧しい人などと思ってはいけません。

わたしに1セントをくれた男性の話に戻りますと、彼から1セントをもらったとき、わたしは「まあ、何て哀れな人でしょう。この1セントをわたしにくれるのも大変なほど、貧乏なのに」などとは思わず、彼は金持ちで成功している男性で、彼の元に豊かさが流れ込んでいる姿をイメージしました。

この思いが彼に成功をもたらしたのです。ですから、受け取ることが苦手な人は、上手に受け取ることを学ばなければなりません。与えられたものが、たった1枚の郵便切手であったとしても、感謝の心で受け取り、受け取るための道を開いて下さい。

「生まれ変わりの法則」にのっとって

「生まれつき金持ちで健康な人がいる一方で、生まれつき貧乏で病気がちの人がいるのはなぜでしょう」という質問をよく受けます。

この質問の答えは「生まれ変わりの法則」によって説明できます。人間は、誕生と死のサイクルを何度も繰り返し経験します。これは、その人が真理を知ってこの法則から自由になるまで、永遠に繰り返されます。

結果には必ず原因があります。物事に偶然というものはないのです。

人は、満たされなかった想いを満たすために、あるいはカルマの負債を返済するために、そして「自分の天命を果たすため」に、この世界に戻ってきます。

金持ちで健康に生まれる人は、過去の人生において、健康で金持ちである自分の姿を潜在意識にイメージしていた人です。一方、貧乏であったり病気を抱えていたりする人は、その病気や貧乏をイメージしていたのです。どの次元の世界にいても、人が現実化するのは、その人の潜在意識に刻み込まれた信念の結果です。

一方で、誕生と死は人間がつくり出した法則です。これは、二つの力を信じたアダム的思考が意識に落とし込まれたことに起因します。真の人間、精神的に目覚めた人間は永遠の存在となり、誕生も死もなくなります。その人は時の始まりから、今もそしてこれからも永遠に存在するのです。

このように、真理を知ることによって、あなたはカルマの法則、罪の意識、そして死からも解放され、「神の似姿につくられた」あなたの本来の姿を現すことができるようになります。

宇宙（魂レベルの自分）が自分のために用意した青写真を、自らの人生に投影させることによって、あなたは自分の天命を果たし、真の自由を得るのです。

そのとき、神はあなたに言うでしょう。

「忠実な僕《しもべ》よ、よくやった。あなたは些細《ささい》なものにも忠実であったから、より多くのもの（死そのもの）を管理させよう。主人（永遠の命）と一緒に喜んでくれ」

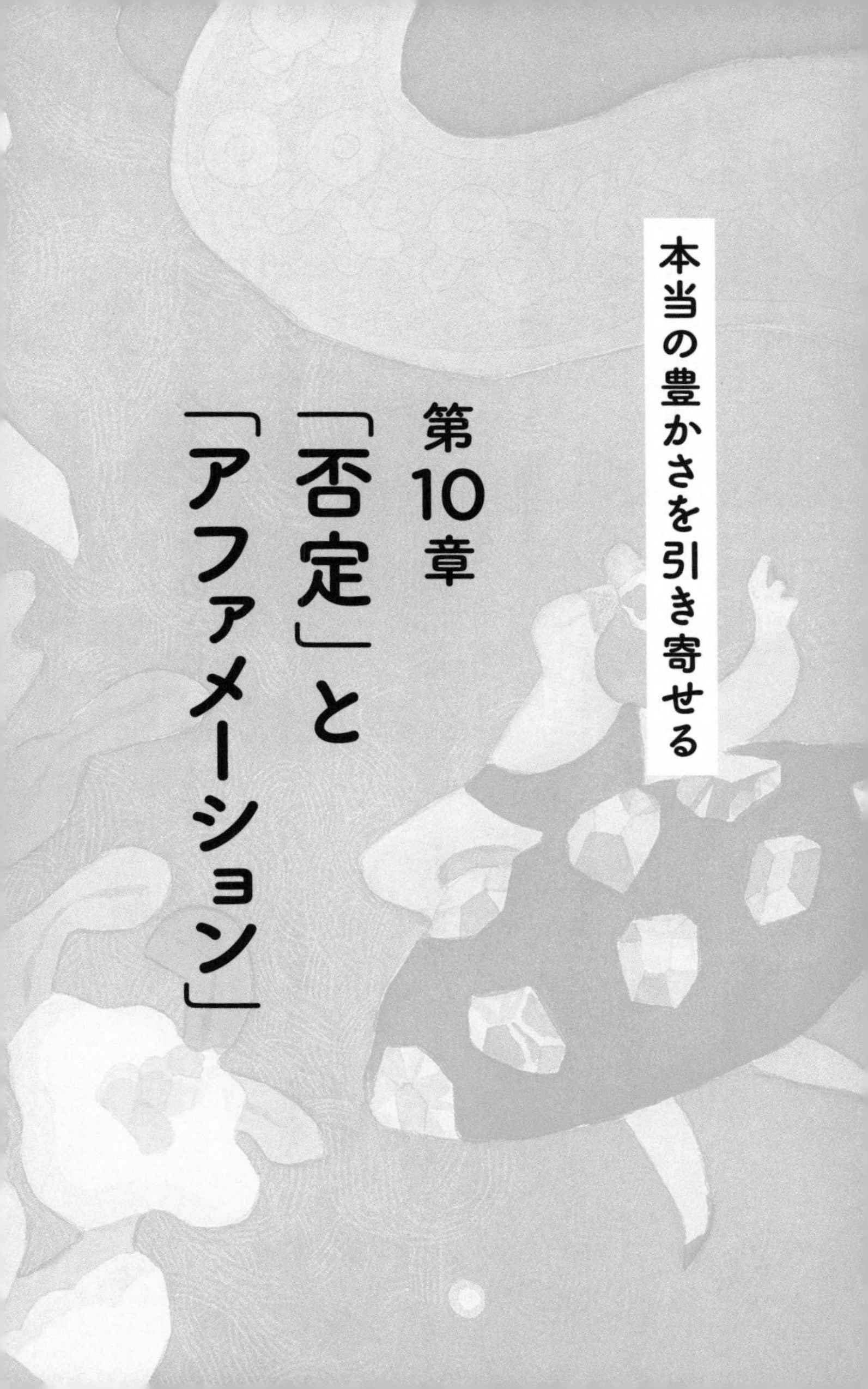

本当の豊かさを引き寄せる

第10章 「否定」と「アファメーション」

アファメーションの正しい唱え方

「あなたが大事を成そうと決意するならば、あなたはそれを成就するであろう」

——ヨブ記：22・28

あなたの人生に起きるあらゆる出来事は、完璧な宇宙の世界ではすでに実現していることです。そして、あなたの気づき、または言葉（アファメーション）を通して、あなたの人生に現れます。

ですから、アファメーションを唱えるときは、自分が本当に望んでいることだけが実現するように、正しい言葉を選びましょう。「つまらない言葉」を口走ったせいで、失敗や不幸を招くようなことがあってはなりません。

前章でも繰り返し述べたように、最も大事なのは、あなたの願いを正しい言葉で表現することです。

もし、あなたの望みが、家や友人、地位やその他のことであれば、「宇宙の自然の流れ」に委ねて下さい。

たとえば、次のようなアファメーションを唱えるといいでしょう。

「わたしにふさわしい家、わたしにふさわしい友人、わたしにふさわしい地位のための道を開いて下さい。それが今、完璧な宇宙の流れの下に完璧な方法で実現されることに感謝します」

このアファメーションの、後半がとくに大事になります。

わたしの友人は1000ドル欲しいと神に願い、アファメーションの言葉を唱えました。すると、間もなくして彼女の娘が怪我をしてしまい、その賠償金として1000ドルを受け取ることになりました。確かに、1000ドルは手に入りましたが、これは彼女にとって「完璧な方法」ではありませんでした。

彼女は次のような言葉を用いて、アファメーションを唱えるべきでした。

「わたしのものである1000ドルが、宇宙の流れの下に完璧な方法で、今わたしの手元に届けられることに感謝します」

お金の仕組みがわかってきたなら、あなたはあなたに与えられる多額のお金が、宇宙の法則によって完璧な方法で自分に届くよう要求しなければなりません。

「現実化」は願いの大小に比例する

あなたは、自分が受け取れると信じている以上のものを受け取ることはできません。「これぐらいで大丈夫かな」と、受け取るものの大きさや量を自分で制限してしまうと、それがあなたの潜在意識に刷り込まれてしまいます。

ですから、大きなものを受け取りたければ、この願いの枠を広げなければなりません。

わたしの生徒の一人が、特定の日までに、600ドル手に入れることを願っていました。実際、彼はそれを受け取りましたが、その後、聞いたところによると、本当は1000ドル受け取ることができたはずなのに、彼が唱えたアファメーションによって制限がかかり、600ドルしか受け取れなかったのだそうです。

富を手に入れられるかどうかは、あなたの意識次第です。

フランスには、次のような言い伝えがあります。

一人の貧しい男が道を歩いていたら、一人の旅行者に会いました。旅行者が彼を呼び止めて言いました。

「友人よ、あなたは貧しい方とお見受けします。あなたにこの金塊を差し上げましょう。どうぞ、受け取って下さい。これを売れば、一生働かなくても食べていけますよ」

その男性は、この幸運に大喜びしながら、小さな金塊を家に持ち帰りました。

その後、すぐに仕事が見つかり、順調にお金が入り始めたので、その金塊は売らずに持っていました。何年かのちには、彼はすっかり大金持ちになりました。

ある日、この男性が道端で、貧しい男に会いました。そこで彼はその男性を呼び止めて、言いました。

「友人よ、この金塊をあなたに差し上げましょう。これを売れば、一生働かなくても食べていけますよ」

乞食はその金塊を受け取り、調べてもらったところ、ただの真鍮《しんちゅう》だったことがわかりました。最初の男性は、それが金塊だと思い、自分が金持ちになったと信じたので、本当に金持ちになれたのでした。


誰もが、心の中に金塊を持っています。「自分は金塊を持っている」「自分は金持ちなのだ」と信じる心が、本当の豊かさを引き寄せるのです。

ですから、実現のためのアファメーションを唱えるときは、自分がすでにそれを受け取った状態をイメージして唱えて下さい。

イエス・キリストは、**「あなたが願う前にわたしは答える」**と言っています。

こうしたアファメーションを唱え続けることによって、潜在意識にあなたの信念が刻み込まれます。

もしあなたが揺らぐことのない信念を持っているなら、何度もアファメーションを唱えなくても、一度でじゅうぶんでしょう。ただ、あなたがすでに受け取っていることに、繰り返し感謝を捧げて下さい。

この喜びはまだ砂漠（潜在意識）に埋もれたままなので、それを形の世界に現さなければなりません。それには「主の祈り」を唱えるとよいでしょう。

「砂漠は喜び、野バラの花を一面に咲かせる」

――イザヤ書：35 - 1

「宇宙よ、ヒントを下さい」

祈りとは、要求、要望であると同時に、賛美、そして感謝でもあります。ですから、「宇宙の法則に不可能はない」という信念を、自分の中にしっかりと確立することがとても大切です。

しかし、頭で理解するのはそれほど難しくはないと思いますが、実際に問題が起きたときに、これを行動で示すのはそう簡単ではありません。

ある女性は、期限内に大金を用意しなければなりませんでした。これを成就するためには（成就は現実化ですから）、何か行動を起こさなければならないことに気づいていたので、神に「ヒント」を下さるようにお願いしました。

彼女がヒントを求めてデパートを歩いていたとき、綺麗なピンク色をしたエナメルのレター・オープナーを見かけました。そして、自分がそれに強く「惹き付けられる」のを感じました。

そのとき、彼女の頭に、ふとある考えが浮かびました。「そういえば、大きな額面の小切手が届いたとき、それを開けるのにふさわしいレター・オープナーを持っていなかったわ」。それで、彼女はそのレター・オープナーを買いました。

彼女の理性は、「こんなのただの無駄遣いでしょ」とささやいていたに違いありません。しかし、それを手にしたとき、一瞬、大きな額面の小切手が入った封筒を開けている自分の姿が見えたのです。

さて、数週間もしないうちに、彼女はイメージした通りのそのお金を受け取りました。ピンクのレター・オープナーは、彼女の強い信念のシンボルとなったのです。

あなたが望む信念に向けて潜在意識の力が働くと、驚くようなことが起きます。

これは、ある男性が農家の一室で夜を過ごしたときの話です。

その部屋の窓は、すべて釘で打ち付けられており、開閉ができないようになっていました。夜中に息苦しさを覚えたこの男性は、暗闇の中を手探りで窓に向かいました。窓を開けることができなかったので、拳《こぶし》で窓ガラスを叩き壊し、新鮮な空気を取り入れました。そして、朝までぐっすりと眠ることができました。

翌朝、目が覚めると、彼が壊したのは、窓ガラスではなく、書棚のガラス戸だったことに気づきました。窓は一晩中、堅く閉ざされたままだったのです。彼は新鮮な空気を取り入れたと信じることで、本当に新鮮な空気を取り込むことができたのです。

ひとたび実現に向けて行動をしたら、あなたは決して振り返ってはいけません。

「疑う人は、風の吹くままに揺れ動く海の波に似ている。
そういう人は、主から何かをいただけると思うべきではない」

次のような素晴らしいアファメーションを唱えた生徒がいます。

「天の父にわたしが何かを求めるとき、わたしは足を踏みしめて立ち、次のように言います。父よ、わたしは自分がお願いしたもの以下のものは受け取りません。わたしは、お願いしたもの、あるいはそれ以上のものしか受け取りません」

このように、人はいっさいの妥協をすべきではありません。

「するべきことをすべてし終えたなら、あとはじっとしていなさい」

これは願いが実現するまでの過程の中で、最もつらい時かもしれません。諦めようとか、引き返そうとか、妥協しようとか、さまざまな誘惑がやって来るからです。

「足を踏みしめて、待つ者は、神の御心に叶う」

――ジョン・ミルトン詩篇：26

理性で考えない

願ったことが土壇場になって叶うということがあります。人はぎりぎりまで追い込まれてようやく、心が空っぽになって、理性で考えることをやめます。そのチャンスを狙って宇宙の法則が働くのです。

しょぼくれた願望には、しょぼくれた結果が返ってきます。イライラしながら願ったことは、実現が遅れるか、あるいは、乱暴な状況を通して実現します。

ある女性が、どうして自分はしょっちゅう眼鏡を紛失したり、壊したりするのかしら、とわたしに聞いてきました。

それで思い出したのは、彼女が目がよく見えないことで、始終自分や他の人たちに、イライラしながら言っていた言葉です。「ああ、面倒くさい。眼鏡なんかいらなくなってしまえば、どんなにいいか！」。

彼女のイライラした願いは、乱暴な形で実現したのです。彼女は完璧な視力を願うべきでしたが、彼女が潜在意識に刷り込んだのは、単純に眼鏡がなくなればいいというせっかちな願いだったのです。こうして彼女の眼鏡はしょっちゅう壊れたり、なくなったりしていたわけです。

失うことの原因には、二つの心があります。

夫に感謝できなかった女性のような「軽んじる気持ち」、そしてもう一つは「失うことへの恐れ」です。こうした思いは、潜在意識に「失うイメージ」を植え付けるからです。

重荷を手放せば願いは現実となる

自分の問題（重荷）を手放すことができたとき、願望は瞬時に実現します。

ある女性は、嵐の日に外出して、傘が壊れてしまいました。

このとき彼女は、初めて会う人を訪ねる途中でしたが、壊れた傘を持って初対面の人と会いたくありませんでした。しかもその傘は彼女の持ち物ではなかったので、捨てることもできず、どうしたらいいのか途方にくれてしまい、叫びました。「ああ、神さま、この傘をどうにかして下さい。わたしにはどうしたらいいのか、もうわかりません！」

すると、すぐに後ろから声が聞こえました。

「奥様、傘の修理が必要ですか？」

振り返ると、そこには傘職人が立っていました。

彼女は、「ええ、そうなんです」と答えました。

傘職人の男性は、彼女がその家を訪問している間に、傘の修繕を終えたので、彼女が戻ったときには、傘は元通りになっていました。

このように、あなたが傘を神の手に委ねるとき、あなたの進む道には、いつでもこうした傘職人がいるのです。

ある日の夜遅くに、一度も会ったことのない男性から治療をしてほしいと、電話がありました。彼はひどく具合が悪そうでした。

それで、わたしは次のアファメーションを唱えました。

「わたしは、この病気の症状を認めません。これは現実ではないので、彼の潜在意識に記録されることはありません。彼は、宇宙の完璧な計画を体現している存在です」

神の御心には、時間も空間も存在しません。

ですから、アファメーションの言葉は瞬時にその目的地に届き、決して「虚しく戻ってくる」ことはないのです。

「宇宙の青写真」が与えられるとき

「ヴィジョンを見ること」と「ヴィジョン化すること」の違いは何か、という質問をよく受けます。ヴィジョン化とは、理性や意識に支配される人間の心がつくり出したイメージや考えであるのに対し、ヴィジョンは、直感や超意識から届くイメージや考えです。

あなたはこうした直感の閃きを受け取るための心を養い、「確かなヒント」を通して、「宇宙の青写真」を実現しなければなりません。

「わたしの望みを完全なる宇宙の計画に委ねます」と、あなたが宣言できるようになったとき、あなたの願望以上の宇宙の青写真が与えられます。

宇宙はすべての人に、理性的な思考の枠を超えた、健康、富、愛、そして完璧な自己表現を含む、欠けたるもののない人生を用意されています。

しかし残念なことに、多くの人は、本当はお城を建てなければいけないのに、せいぜいバンガローしかイメージすることができません。

あなたが自分の理性を使って強引に願いを叶えようとしても、うまくはいきません。

イエス・キリストは「**時が来れば私が速やかに行う**」と言われています。

人は直感ないしは、確かなヒントだけを通して行動しなければなりません。

「**すべてを主に委ねて、安心しなさい。**
神が立ち上がるまで、忍耐して待つのです」

——**詩篇：37-4**

全く予想外の状況を通して、完璧な宇宙の法則が働くのを、わたしは見てきました。

一つの例をお話ししましょう。わたしの生徒が、翌日までに100ドルを必要としていました。それは返済を迫られている借金で、どうしても返さなければならない理由がありました。

そこでわたしは次のアファメーションを唱えました。

「完璧な宇宙の法則に〝決して遅れはありません〟。ですから、お金はすぐに届きます」

その日の夜、彼女から電話があって、奇跡が起きたと言います。

彼女の中である考えが閃いて、銀行の貸金庫に行って、箱の中にある書類を確かめなければいけないと思い付いたそうです。

彼女は箱の中の書類を取り出して、何度も目を通しました。そうしたら、箱の底に100ドルの新札があったと言うのです。

あまりのことに、彼女はしばらく呆然としてしまったと言います。なぜなら、彼女が書類を取り出したとき箱は空っぽだったので、それを置いたのは自分ではないことがはっきりとわかっていたからです。

イエス・キリストが木の葉をパンと魚に変えたように、書類の束をお札に変えて下さったのではないかと言っていました。

これは、あなたの「**言葉は肉体となり**」、そして物質化が瞬時に起きる世界です。イエス・キリストが行ったすべての奇跡に見られるように、「**はや色づいて刈り入れを待っている畑**」が、たちまち現実となるのです。

あなたの天国をこの世で再現するために

あなたは思想を芸術の領域にまで高め上げなければなりません。

優れた思想家は芸術家であり、意識と呼ばれるその人のキャンバス（潜在意識）に、宇宙の計画だけを描けるよう気を配ります。

自分の完璧さを損なうものは何もないことを信じ、理想の姿を自分の人生に現すという確固たる信念を持ちながら、力と決意を込めて、巧みな筆遣いで、それをキャンバス（潜在意識）に描き出すのです。

人間に授けられたすべてのパワーは、その人の天国をこの地上界に再現するためのものであり、これが「人生のゲーム」の目的です。

必要なのは、恐れを知らない信念、無抵抗、そして愛だけです！

あなたが、長年にわたって自分を縛り付けてきたものから自由になれることを願っています。

「あなたがたは真理を知るであろう。そして真理は、あなたがたに自由を得させるであろう」

この自由とは、あなたの天命を全うする自由、「宇宙が設計された人生、健康や富、愛そして完璧な自己表現」を、あなたの人生に実現させる自由のことです。

あなたの心を新たにすることによって、新しいあなたに生まれ変わりますように。

付録

あなたの願いが現実化する

スコーヴェル・シンの「アファメーション（肯定の言葉）」

豊かさ（繁栄）を願うとき

★宇宙は尽きることのない豊かさの源であり、わたしにすべてを与えて下さいます。そして、完璧な方法で、たくさんのお金をすぐにわたしの手元に届けて下さいます。

状態や状況を変えたいとき

★宇宙が計画されていないことはすべて消滅し、消え去ります。そして、今ここに完璧な宇宙の計画が現されます。

★わたしにとっての真実とは、「宇宙の法則」の真実だけです。わたしと宇宙は一つであるからです。

★今、無限にある宇宙の愛が、わたしの心、体、そして身の回りに起きている悪い状態のすべてを消滅させ、消し去って下さいます。「宇宙の法則」こそ宇宙の絶対の力であり、愛ではないもののすべてを消し去ることができます。

健康のために

★神の愛がわたしの心を健康で満たし、わたしの肉体の一つひとつの細胞が光で満たされます。

完璧な宇宙への強い信頼のために

★わたしは宇宙と一つであることによって、わたしの身の回りに起きるよいこととも一つです。なぜなら宇宙は贈り主であり、贈り物そのものだからです。わたしは贈り主と贈り物を分けることはできません。

よき洞察のために

★わたしは、わたしの前に開かれた道をはっきりと見ることができます。わたしの歩む道に障害というものはありません。そして、わたしには宇宙の完璧な計画がはっきりと見えます。

ガイダンス（導き）が欲しいとき

★わたしは宇宙が与えてくれる直感を敏感に感じ取り、どのようなヒントも見逃しません。そして、すぐさま、その意志に従います。

宇宙からのサインを耳で聞くために

★わたしには、大きな喜びを運んでくる嬉しい知らせが聞こえます。

よき仕事のために

★わたしは最高の方法によって、最高の仕事を見つけます。
わたしは最高のサービスを提供し、最高の報酬を受け取ります。

あらゆる束縛から自由になるために

★わたしは、この重荷を宇宙に委ねます。そして自由になります！

訳者のことば──「この世はあなたの自由自在」

浅見帆帆子

本書を読んだ後の「こみあげてくるようなワクワク感」、それは「自分の使う言葉と思考が自分の人生を決めている（だから自分で変えられる）」という感動から来るものでしょう。

本書ではとくに「アファメーション」の効果について触れています。

「アファメーション」とは前向きな声かけのことであり、望む状況が何であれ、わかりやすく明確に口に出すことで、現実をその方向へ動かしていく非常に力強いものです。

私はこれを「宇宙へのオーダー」と表現しています。望みを宣言する対象が本書で言う「神」だろうと「宇宙」だろうと方法は同じなのです。

つまり本書に頻出する「神」とは、「自分が外に発したことと同等のものを受け取る」という宇宙の法則（引き寄せの法則）そのものでしょう。宗教の種類やあるなしに関わらず、私たちは等しく同じ法則（神）の下で動かされているのです。

本書の翻訳の依頼を受けたとき、私はちょうど「左太腿の肉離れ」を起こしていました。表向きには「運動不足のまま急激な運動をしたため」ですが、これを引き起こしたのは完全に私自身の言葉と思考でした。それより前の半年ほどの間、私は「この運動不足をなんとかしないと大変なことになる！」と頻繁に口にしていたのです。

実は、私自身がそれについて困っているわけでも体の不調を感じていたわけでもなかった……それなのに、周りの人やメディアによる「そろそろ体が衰えてくる年齢」という一般の認識に話を合わせ、自分で自分にそれが起こることを承認してしまったのです。

その思考の積み重ねの結果、運動不足を解消しないとまずい状態に、本当になることができました（笑）。やはり自分の「思い通りの人生」なのです。

自分が思考を向けたこと（内容）が拡大します。ですから本書にもある通り、自分の望まない何かが勃発《ぼつぱつ》しても、それを「自分の敵、障害」と受け止めなければ被害を受けることはなくなります。

逆にその物事のプラスの面を見る、つまり現状がどうであれ、今の自分が望んでいることだけに意識を向けるようにすると、その「事件」が転じて（または全く別の方向から）望んでいる状態が形になります。

これこそ、本書にある「私たちは神に似せて作られた」とされる理由でしょう。私たちは何に意識を集中させるかで、神と同じようにすべてを自由に創造できるのです。

「それ」を望むのであれば、「それ」と同じ状態（波動）になればいい……即ち、その状態になっている未来の自分に今すぐ感謝をすればいいのです。

私も自分の肉離れについて、本書を読んだ後すぐに「完全に治っている自分」に感謝をしました。すると、その翌日から急に動かせるようになった事実には、驚くばかりです。

宇宙の法則と自分の流れを心から信頼すると、「今」に無条件に感謝の気持ちが湧き起こってきます。その自分で動くとき、キリスト教で言う「天国への門」が開かれ、この世では「望みが実現する」という形をリアルに味わうことができるのでしょう。

明日から「自分の意識と言葉の力」をどんな風に使おうか、楽しみでしかたありません。

このタイミングで本書と出会えたことに感謝を込めて。

本書をお読み下さった皆様が、同じようなワクワクした気持ちを感じられますように。

THE GAME OF LIFE AND HOW TO PLAY IT
by
Florence Scovel Shinn

人生《じんせい》が一夜《いちや》にして変《か》わる
引《ひ》き寄《よ》せの法則《ほうそく》を呼《よ》び出《だ》す言葉《ことば》

著　者——F・スコーヴェル・シン

訳　者——浅見帆帆子（あさみ・ほほこ）

発行者——押鐘太陽

発行所——株式会社三笠書房

〒102-0072　東京都千代田区飯田橋3-3-1
電話：(03)5226-5734（営業部）
　　：(03)5226-5731（編集部）
https://www.mikasashobo.co.jp

印　刷——誠宏印刷

製　本——若林製本工場

編集責任者　本田裕子
ISBN978-4-8379-5808-6 C0030